AMANDA

DE FITZ-OWALD

OU

CONNAITRE DIEU, L'AIMER ET LE SERVIR

PAR Melle BRUN

LIBRAIRIE DE J. LEFORT

IMPRIMEUR, ÉDITEUR

LILLE   PARIS

rue Charles de Muyssart, 24   rue des Saints-Pères, 30

AMANDA

DE FITZ·OWALD

In - 8° 4° série.

Henri, vous faites une sottise.

AMANDA

DE FITZ-OWALD

PAR Mlle BRUN

DIXIÈME ÉDITION

———∿∿∿———

LIBRAIRIE DE J. LEFORT

IMPRIMEUR ÉDITEUR

LILLE | PARIS

rue Charles de Muyssart, 24 | rue des Saints-Pères, 30

AMANDA

DE FITZ-OWALD

I

Les regards fixés sur la route qui conduisait de la ville au château où s'écoulaient paisiblement ses jours, un homme dans l'âge mûr de la vie semblait attendre avec anxiété, soit un voyageur ami, soit des nouvelles désirées. Au moindre bruit, une involontaire agitation troublait la sérénité de son front noble et pur, et quand son attente était trompée encore, un soupir, qui démentait bientôt l'expression d'une résignation parfaite, s'échappait malgré lui de son cœur.

Enfin le lourd galop d'un cheval se fait entendre. Un postillon accourt à toute bride et présente bientôt au maitre du vieux manoir un paquet de dépêches. Sa diligence est récompensée noblement, et il se retire en témoignant par des saluts réitérés et son respect et sa gratitude.

Resté seul, le gentilhomme déchire vivement l'enveloppe du paquet. Dix lettres sont tour à tour prises et rejetées. Tout à coup une d'entre elles est ouverte précipitamment, et dès les premières lignes, celui qu'elle intéressait à un si haut degré la laisse retomber avec sa main et s'écrie : « C'est donc bien vrai ! »

Ce cri, prononcé avec l'expression d'une réelle douleur, attire dans l'appartement une femme dont les traits candides et doux révèlent une âme pleine de bonté. A la muette interrogation de son regard, l'objet de sa sollicitude ne répond qu'en lui montrant la lettre venue de France. Elle portait pour adresse : *A M. le baron de Norwins.*

« Lisez-la moi, Louise, je n'en ai pas le courage, » furent les seules paroles que fit entendre la voix étouffée du gentilhomme.

La jeune femme prit la lettre, regarda son mari, puis d'une voix tremblante elle lut :

» Non, mon ami, ce n'est point un mensonge
» de la déesse aux cent voix, ce n'est pas une folle
» invention de notre joyeux ami Delmans; c'est
» une nouvelle authentique, officielle : je me marie,
» et la femme que j'ai choisie est la belle, la fan-
» tasque Amanda de Fitz-Owald.

» Que votre amitié se rassure, mon cher Nor-
» wins. J'ai fait de graves réflexions avant de m'ar-
» rêter à ce parti. Vous le savez, je n'ai ni un cœur
» romanesque, ni une tête qui se laisse guider ex-
» clusivement par l'imagination. J'ai vu un grand
» bien à faire, et je vous le dis à vous, le confi-
» dent de mon âme, cette seule pensée a prévalu.

» Je n'ai rencontré dans la volonté de ma mère
» aucun obstacle à ce projet. Sa bonté naturelle
» aime tous les infortunés, et l'orphelin sans pro-
» tecteur trouve toujours en elle une mère tendre
» et dévouée. Amanda, avec tous les défauts de
» caractère qui se sont révélés à nous depuis long-
» temps, avec les qualités extérieures dont le Ciel
» l'a douée, privée de toute ressource et menacée
» par la misère, Amanda lui a paru un objet digne
» de toute sa sollicitude, et le désir de mon cœur
» était presque le rêve de tous les instants qui
» berçait les pensées de ma mère chérie.

» Combien vous devez m'en vouloir, mon cher
» Norwins, de n'avoir pas pris conseil d'une amitié

» aussi éclairée que la vôtre ! Mais votre long
» voyage ne me l'a pas permis, et je ne pouvais at-
» tendre votre retour pour prendre un parti. Mlle de
» Kerbon ne voulait plus garder la pauvre orphe-
» line, elle l'avait menacée durement de la chas-
» ser ! Amanda est venue confier à ma mère ses
» nouveaux chagrins; moi j'ai dit bien bas mon
» secret, et après quelques instants de réflexion,
» ma bonne mère m'a dit en m'embrassant : « J'y
» avais pensé. »

» Voilà, mon ami, comment cette affaire s'est
» arrangée. Mlle Fitz-Owald est depuis un mois
» chez ma tante, et dans huit jours ma mère comp-
» tera un enfant de plus.

» Si vous saviez, mon cher Norwins, de quels
» soins affectueux la pauvre jeune fille entoure
» celle qui lui assure enfin un avenir tranquille,
» comme elle prévient le moindre de ses désirs !
» Son ingénieuse reconnaissance invente mille
» riens séduisants qui lui méritent chaque jour
» plus de tendresse.

» Ah ! Norwins, quand les douces leçons et les
» pieux exemples de ma mère auront appris à ma
» femme à connaître Dieu, à l'aimer, à le servir ;
» quand cette jeune âme, égarée par un père impie
» dans les voies tortueuses de l'irréligion, aura
» compris tout ce qu'il y a de bonheur dans une

» piété solide et vraie, ses vertus aimables se dé-
» velopperont, ses vices disparaîtront, et votre
» Henri sera le plus heureux des hommes.

» Cher Norwins, voyez l'avenir pour moi comme
» je l'espère moi-même. Missionnaire de famille,
» je vais gagner une âme à Dieu, ramener au saint
» bercail une brebis du bon pasteur. Amanda ne
» pourra nous tenir rigueur. Elle écoutera quand
» une mère et un époux seront ses catéchistes ;
» elle croira quand elle verra ceux qu'elle aime
» heureux par la religion qu'elle ignore. J'ai foi
» aux miracles, mon ami, et j'en espère un pour
» Mlle Fitz-Owald.

» Quelle douce joie pour nous, mon ami, si,
» renonçant pour quelques jours à votre heureuse
» vie de retraite, vous veniez embellir encore le
» plus beau jour de ma vie! Que ma mère serait
» heureuse de revoir Mme de Norwins! Mais je de-
» mande sans espérance, et c'est à peine si j'ose
» exprimer ce vœu le plus cher que je puisse for-
» mer maintenant!.... Offrez ma prière avec mes
» hommages à Mme de Norwins ; en daignant l'ac-
» cueillir, elle fera bien des heureux.

» Tout à vous,

» HENRI LEYNIÈRES. »

« C'est donc bien vrai, répéta M. de Norwins; Amanda n'a point perdu son charme de fascination, et mon pauvre ami sera aussi une de ses victimes.

— Irons-nous à Paris? demanda timidement Mme de Norwins à son mari.

— Désirez-vous faire ce voyage, Louise? répondit M. de Norwins en laissant tomber sur sa femme un de ces regards qui semblent vouloir percer les replis du cœur.

— Je serais bien contente de voir Mme Leynières; ma mère l'aimait tant!

— Et Mlle Fitz-Owald, seriez-vous contente de la voir?

— Non; mais je la verrais sans peine comme sans plaisir.

— Je veux écrire à Henri, lui dire...

— Quoi, mon ami! mon secret? ce que Dieu et vous connaissez seuls, parce que ni lui ni vous ne pouviez l'ignorer? Oh! non, vous ne trahirez pas ma confiance; et d'ailleurs, M. Leynières ne verrait là que de la haine, peut-être de la jalousie, et pour avoir voulu l'arrêter sur un abîme, vous élèveriez entre lui et vous un mur infranchissable de séparation. Vous ne le persuaderez pas, et le triomphe d'Amanda n'en sera que plus complet lorsqu'elle saura vous avoir vaincu.

— Nous irons à Paris, Louise, » dit M. de

Norwins en serrant affectueusement la main de sa femme dans les siennes.

Il se leva pour aller donner les ordres du départ, et Louise, restée seule, leva les yeux au ciel comme pour y chercher la force d'accomplir un sacrifice.

Le lendemain, M. et Mme de Norwins partaient pour Paris.

Trois personnes étaient assises près du foyer d'un petit salon meublé avec une somptueuse élégance. Une d'elles était pensive, presque triste ; les deux autres paraissaient au comble de la joie.

« Voyez, dit le jeune homme, toute la sollicitude d'une mère ; plus l'instant approche, plus la nôtre semble craindre pour notre bonheur.

— Madame craint une seule chose, monsieur Henri : c'est de remettre le vôtre entre mes mains. »

La mère de Henri jeta un regard sur son fils ; elle vit la joie dans ses yeux, et retint un mot prêt à s'échapper de ses lèvres.

Deux domestiques entrèrent portant une riche corbeille. Amanda courut l'ouvrir, admira les choses magnifiques qu'elle renfermait, et les étala l'une après l'autre sur le canapé du salon. Mais on ne voyait dans ses traits ni la naïve admiration de la jeune fiancée qui rougit de plaisir en contemplant ces parures nouvelles, ni la reconnaissance d'un cœur appréciant les dons qui lui sont offerts par une sincère affection. Mme Leynières regardait Amanda; un soupir oppressait sa poitrine; elle était mère, elle étouffa ce soupir.

La porte s'ouvrit doucement; deux personnes parurent sur le seuil. Henri poussa un cri qui fit retourner sa mère. Le jeune homme était dans les bras de M. de Norwins.

Amanda, pâle comme un spectre, demeurait fixée à la place qu'elle occupait. Henri, tout à son ami, ne vit point l'expression haineuse qui vint bouleverser les traits de sa fiancée; elle échappa même à Mme Leynières, qui s'était empressée de courir vers la douce Mme de Norwins, et la remerciait affectueusement de lui avoir ménagé une si douce surprise. Lorsque les nouveaux venus entrèrent dans le petit salon, Amanda l'avait quitté.

« Toujours fantasque! s'écria M. de Norwins avec sa rude franchise de marin.

— Elle est indisposée depuis quelques jours, » balbutia Henri en regardant sa mère.

Mme Leynières garda le silence.

« Oui, oui, reprit M. de Norwins, je connais ses indispositions. Henri, mon ami, vous avez grand tort de faire un pareil mariage. Amanda vous rendra malheureux. Vous vous êtes fait un beau roman de vos prédications de paroles et d'exemples, de repentir et de conversion. Chimères! votre femme vous fera damner et ne se convertira pas. »

Henri regarda de nouveau sa mère; mais celle-ci ne comprit pas ce regard, car elle tendit la main à M. de Norwins et lui dit : « Vous devez avoir besoin de repos.

— Pauvre mère, » dit tout bas le bon marin en serrant cette main dans les siennes.

Louise eut pitié de l'embarras de Henri, et répondant pour son mari, « Notre voyage a un peu fatigué M. de Norwins, dit-elle; nous avons fait diligence, et je crois que nous avons besoin d'un peu de sommeil pour....

— Oui, interrompit M. de Norwins, pour rafraîchir nos idées... les miennes toujours. Henri, conduisez-moi à ma chambre.

— Vous la trouverez changée, mon cher Norwins, dit Henri en s'efforçant de sourire.

— Cela ne m'étonnera pas, mon ami; tout change!... Adieu, madame, du courage! » ajouta plus bas l'excellent homme.

Louise resta près de Mme Leynières, attendant quelque confidence et n'osant la demander. La pauvre mère n'en fit pas; elle parla du bonheur prochain de son fils, ne dit pas un mot d'Amande même pour excuser son absence. Après une heure d'une conversation languissante, elle conduisit sa jeune amie à son appartement, et revint dans le sien, triste, pensive, enviant dans son cœur, pour sa belle-fille, les douces vertus qui faisaient de Mme de Norwins une épouse accomplie.

Amanda, honteuse de sa conduite, entr'ouvrit la porte du cabinet de toilette de Mme Leynières, et venant doucement s'appuyer sur le dos de son fauteuil, elle murmura à demi voix : « Me pardonnez-vous, bonne mère ? »

Mme Leynières tressaillit et lui dit en lui tendant la main : « Mon enfant, que vous êtes malheureuse ! »

Amanda pencha la tête sur le sein de son indulgente belle-mère. De grosses larmes coulaient sur ses joues. « Je me convertirai, ma mère, je vous le promets. La vue de M. de Norwins, de Louise... je n'ai pu supporter cette apparition inattendue.

— Ils n'étaient pas là ce matin, Amanda.

— Pardon ! pitié ! dit la jeune fille en serrant Mme Leynières dans ses bras. Ce que j'ai souffert depuis est une dure expiation de ma faute ; que votre indulgence me pardonne et fasse la part de cette éducation malheureuse que m'a reprochée votre sévérité !

— Tout est oublié, mon enfant; puisse la bénédiction de celle qui sera bientôt votre mère, être pour vous le gage de la bénédiction du Ciel! »

Mme Leynières, debout, éleva ses mains sur le front d'Amanda inclinée. Un sourire de pitié se dessina sur la physionomie de la jeune fille. Heureusement la mère de Henri ne le vit pas, et sonnant un domestique pour qu'il reconduisît Mlle de Fitz-Owald chez sa tante, elle l'embrassa avec une tendresse toute maternelle, en lui disant gaiement : « Trois jours encore, et nous ne nous quitterons plus.

III

Amanda de Fitz-Owald avait perdu sa mère en recevant d'elle la vie, et ce malheur l'avait rendue plus chère aux yeux du comte son père, qui lui voua dès lors une de ces tendresses pleines d'idolâtrie, toujours funestes à ceux qui en sont les objets. Ses moindres volontés, ses plus bizarres caprices étaient des lois qu'on ne pouvait enfreindre sans encourir l'indignation de M. Fritz-Owald, et plus d'un malheureux domestique, victime de l'enfantine tyrannie d'Amanda, s'était vu chasser honteusement pour n'avoir pas courbé le front sous le jong si dur que lui imposaient et la faiblesse du père et le despotisme de l'enfant.

Issue d'une noble famille irlandaise que les troubles politiques avaient éloignée de sa patrie, M. de Fitz-Owald n'avait d'étranger à la France que son nom, dont il aimait encore la gloire. Mais en héritant du titre de ses aïeux, il n'avait reçu en partage ni leur loyauté ni leur foi si pure et si inébranlable. De perfides amis l'avaient initié aux mystères d'une philosophie mensongère pour laquelle rien n'était sacré. Il avait appris à cette école l'oubli de tous les devoirs, et l'amour de sa fille était le seul sentiment louable qui fût demeuré dans son cœur.

De continuels désordres amenèrent pour lui une fin prématurée. Sa fille, orpheline à quinze ans, resta seule au monde, sans amis, sans parents, dénuée de toute ressource, voyant d'avides créanciers lui disputer les lambeaux d'une fortune dissipée à l'avance et insuffisante pour remplir les obligations contractées par le frivole comte de Fitz-Owald.

Dans cette cruelle anxiété, bannie de la maison paternelle, sans présent comme sans avenir, Amanda se souvint d'une amie de pension qui lui avait toujours témoigné l'affection la plus tendre. A peine, depuis leur séparation, l'orpheline avait-elle daigné donner, à celle qu'il fallait implorer aujourd'hui, quelques marques d'un faible souvenir. S'abaisser à lui demander asile et protection! Mais l'impérieuse nécessité parlait; Amanda risqua cette démarcha, et trouva, dans Louise de Kerbon, l'amie la plus généreuse, la sœur la plus dévouée.

Louise était une de ces femmes d'une nature

angélique dont la charité est l'âme. Elle oublia, en
voyant Amanda malheureuse, tous les torts dont
on pouvait l'accuser; elle ne sentait même pas tout
ce qu'il y avait de hauteur insultante dans la prière
qui lui était adressée. Présenter Amanda à Mlle de
Kerbon sa tante, lui faire de ses malheurs la plus
touchante peinture et obtenir pour elle de sa bonne
parente l'accueil le plus affectueux, tout cela fut
pour Louise l'affaire d'un moment. Deux heures
après son départ de l'hôtel Fitz-Owald, Amanda
était installée chez Mlle de Kerbon, comme si elle
eût fait partie de sa famille.

Le malheur, en frappant Amanda, ne lui avait
pas porté le bienfait de ses leçons salutaires. Pour
elle, tout était hasard, fatalité; rien n'était providence. Ce n'était pas la religion qui avait présidé
à l'enseignement de ses jeunes années. Placée dans
un pensionnat de premier rang pour se *débarrasser*
de sa première communion, elle y était sous la
garde d'une gouvernante qui partageait les convictions et les sentiments du comte de Fitz-Owald,
et ne la perdait pas un instant de vue; et si elle
avait pu se lier avec Louise, c'est que son père était
le compatriote et presque l'ami du comte. L'acte le
plus important de la vie une fois accompli, Amanda
était revenue chez son père, où l'on s'empressa de
détruire l'impression passagère qu'avait pu recevoir

son jeune cœur. L'orgueil lui fut présenté comme la noble fierté d'une grande âme ; l'art de plaire, comme une obligation sérieuse ; celui de dissimuler, comme un impérieux devoir. Le plaisir devint son idole, l'amour d'elle-même son unique but ; et ne connaissant pour Dieu que le hasard, pour règle que ses propres caprices, l'égoïsme et la vanité égarèrent son esprit et desséchèrent son cœur.

En perdant son père, elle regretta moins l'auteur de ses jours que ses illusions fleuries dont ses jeunes années avaient goûté le charme. Les bienfaits délicats dont elle était l'objet n'éveillèrent dans son cœur aucun sentiment de reconnaissance. Louise et sa tante, riches, considérées dans le monde, entourées, par leurs vertus, d'hommages et de respect, ne lui inspirèrent que cette aversion secrète dont l'orgueil se nourrit en silence lorsqu'il se trouve froissé dans ses prétentions ; et les marques d'amitié qu'elle prodiguait à ses généreuses amies n'étaient que l'effort d'une conscience droite, qui lui disait, en dépit de toutes les passions, que Louise et sa tante étaient les anges tutélaires qui l'avaient sauvée.

IV

Ce fut chez Mlle de Kerbon qu'Amanda connut la
famille Leynières. Les malheurs de l'orpheline, sa
grâce séduisante plurent à la mère de Henri, et lui
firent concevoir la pensée de réparer à son égard les
torts de la fortune, ou plutôt, pour rendre dignement la pensée de Mme Leynières, de justifier la
Providence aux yeux encore fermés d'Amanda, en
la remplaçant dans une position heureuse et indé-
pendante. Elle garda pourtant ce désir en son cœur,
et un long temps s'écoula avant que son fils parût
penser qu'un jour Amanda pourrait être la compagne de sa vie.

Négociant estimable, plein d'honneur et de pro-
bité, M. Leynières avait acquis dans le commerce
une fortune considérable. Henri, à la mort de son
père, avait accepté la tâche difficile de le remplacer
et l'avait dignement remplie. Chrétien pieux et

fidèle, fils tendre et respectueux, maître généreux et bon, tous ceux qui pouvaient le connaître l'aimaient, et la sensibilité de son cœur, le charme de ses manières faisaient de lui l'ami le plus sûr comme le plus aimable.

Ces douces qualités lui avaient valu cette affection presque paternelle que nous avons vue au commencement de cet ouvrage lui être témoignée par M. de Norwins. Marin franc et loyal, et depuis trois ans l'heureux époux de Louise, celui-ci avait connu Henri bien jeune encore et l'avait entouré de cette prédilection de père qui veille sans cesse au bonheur des êtres chéris que la nature lui a confiés. Aussi la nouvelle du mariage de Henri troubla-t-elle la douce sécurité de l'heureux ménage.

Retirés au fond de la Bretagne, dans le vieux château de Kerbon, M. de Norwins et sa femme s'occupaient à rendre douce et tranquille l'existence de tous ceux qui les entouraient. Ils oubliaient, dans leur paisible retraite, et les injustices et l'ingratitude des hommes. Un voyage de quatre mois avait éloigné M. de Norwins de Louise et de ses bons métayers ; il était revenu depuis peu de jours leur rendre à tous la joie, et la lettre de Henri lui avait apporté, à lui, la crainte, le chagrin, l'amertume d'anciens souvenirs.

Aussi ce fut avec peine qu'il céda au désir de

Mme de Norwins et qu'il se rendit à Paris pour le mariage de M. Leynières. Il ne savait pas feindre, et dès qu'il fut seul avec son jeune ami dans la chambre où il le conduisait, son regard devint presque sévère. L'ange qui le veillait n'était plus là, et sa brusque franchise reprenant le dessus, « Henri, s'écria-t-il, vous faites une sottise! »

Leynières ne répondit rien.

« Oui, reprit M. de Norwins, vous faites une sottise. Amanda n'est point la femme qu'il vous faut. Elle a le cœur aussi vide que la tête. Vaine, égoïste, dissimulée, elle a sucé l'irréligion avec le lait. Pour prix de votre folle tendresse, elle vous donnera ses superbes dédains. Mon pauvre ami, ce bienfait d'une existence heureuse, d'un rang indépendant que vous allez lui offrir, elle le paiera comme.... »

M. de Norwins s'arrêta. Henri l'interrogea du regard. Une secrète inquiétude se glissait dans son cœur, en voyant l'indignation de l'homme dont il estimait toute la loyauté se répandre sur celle qu'il allait nommer sa femme. Mais M. de Norwins détourna les yeux, et redevenant calme, il prit la main du jeune fiancé dans les siennes et lui dit avec la plus touchante expression : « Je me trompe peut-être, mon ami ; depuis deux ans elle est....

— Ma mère a beaucoup d'ascendant sur elle,

balbutia Henri ; elle l'a déjà corrigée de bien des travers. Mlle de Fitz-Owald l'écoute avec intérêt, et suivra, je l'espère, sur ses traces, la douce pente de la religion et de la vertu.

— Puisse le Ciel faire pour vous ce miracle, mon ami ! Elle m'a paru moins coquette.

— Oh ! elle est maintenant d'une simplicité....

— Et les plaisirs ?...

— Elle ne quitte pas la maison de ma tante ou la nôtre, où nos goûts sont devenus les siens.»

M. de Norwins garda le silence et paraissait réfléchir profondément. Henri épiait sa physionomie si expressive pour y lire les pensées de son âme ; mais pas une d'elles ne vint s'y refléter. Le chrétien avait triomphé de l'homme.

« Du courage, mon ami, dit enfin M. de Norwins ; Dieu est avec vous, et sa grâce est toute puissante. Seulement, croyez-moi, défiez-vous des séductions d'Amanda ; demeurez ferme dans la voie où vous marchez depuis l'enfance ; tâchez de l'y attirer après vous, pour votre bonheur, pour le sien même.... A demain, mon ami, et que le Ciel vous soit en aide ! »

Henri se jeta dans les bras de M. de Norwins et le quitta pour retourner à sa chambre. Les tristes pensées qu'avaient fait naître les discours de son ami le rendirent longtemps pensif et préoccupé.

Heureuse l'âme dont la religion dirige les premiers pas et forme les inclinations naissantes! C'est à sa douce influence que la mère doit le confiant amour de sa fille, le père les sentiments vertueux de son fils et son respectueux dévouement. Elle donne à la jeune fille cette aimable innocence, cette pieuse modestie qui prêtent un charme irrésistible au jeune âge et qui embellissent la beauté même. Les orages du cœur, les tortures des passions sont pour l'enfant que la religion instruisit et guida dès l'aurore de la vie ce qu'est au pilote habile l'écueil où tant d'autres ont fait naufrage et dont il sut toujours éviter les périls. Si la religion eût présidé à l'éducation d'Amanda, que de précieuses vertus se seraient développées dans son cœur! Mais l'incrédulité seule s'était faite maîtresse de son intelligence, et ses instructions perfides n'avaient été que trop fidèlement retenues.

Les trois jours qui devaient s'écouler entre l'arrivée de M. et Mme de Norwins et la célébration de mariage de Henri Leynières, passèrent, comme passe la vie, rapidement. Amanda fut affectueuse pour Mme de Norwins, modeste, presque humble avec le baron. Empressée auprès de Mme Leynières, réservée, timide dans ses rapports avec son fiancé, bonne, douce envers tous, elle semblait réaliser déjà le rêve d'avenir qui faisait la joie de Henri, et M. de Norwins lui-même croyait presque au changement de la fière et capricieuse Amanda.

L'heure du mariage était venue, et déjà tous les invités étaient réunis à la chapelle où devait être consacrée l'union des jeunes époux. On attendait leur arrivée avec l'impatience de l'intérêt ou de la curiosité; le temps s'écoulait, et déjà mille questions circulaient tout bas dans l'assemblée lorsque les battants de la grande porte, en s'ouvrant avec fracas, annoncèrent l'arrivée des deux fiancés.

La virginale parure d'Amanda fixe sur elle tous les regards; les femmes envient son élégance, mais en même temps elles remarquent l'agitation qui bouleverse les traits de la jeune épouse. Puis, cherchant Mme Leynières, on la voit pâle, les yeux humides. Henri, devenu à son tour l'objet des investigations de tous, rougit, baisse les yeux, et ne répond à aucun des sourires amis qui l'accueillent. Alors chacun parle à son plus proche voisin ; on s'étonne, on s'inquiète. Quelques intimes révèlent le secret des capricieux emportements d'Amanda, et, tout en plaignant M. Leynières, ont grand soin de faire ressortir la *folie* de cette union si peu convenable.

Dans toute cette réunion de chrétiens, en est-il un qui se souvienne de la sainteté du lieu où il se trouve ? en est-il un qui pense à demander à Dieu grâce et bénédiction pour ces deux âmes qui s'unissent pour l'éternité ? Le moment le plus auguste de nos mystères sacrés obtient à peine d'eux une respectueuse attitude, un effort de silence.

Des raisons de bienséance, une curiosité maligne conduisent presque toujours au pied des saints autels ces oisifs du monde qui ne voient dans le mariage ni sa céleste origine, ni sa noble fin, mais un spectacle pour leurs regards, un nouvel aliment pour leur esprit avide de médisances et de railleries.

L'expression de ces deux passions, que le monde idolâtre, se peignait sur toutes les physionomies des invités au mariage de Henri Leynières. Pourtant la cérémonie achevée, lorsque les deux époux traversèrent cette foule empressée, d'aimables sourires, de gracieux saluts témoignèrent de l'affectueux intérêt des assistants. Henri et sa mère y furent trompés et répondirent avec reconnaissance à ces marques de bienveillance. Amanda seule comprit tout, et sa dédaigneuse contenance semblait dire à chacun : *Je vous devine.*

La fête du soir fut brillante. Mme Leynières avait repris son calme habituel et faisait les honneurs de sa maison avec cette grâce exquise que la piété seule donne. La joie reparaissait sur le front de Henri, et la belle Amanda, fêtée, comblée de louanges, semblait enivrée de bonheur. Presque tous ceux qui, le matin, l'avaient frappée en secret des traits envenimés de la médisance, étaient maintenant à ses pieds ; et, comme une reine pleine de clémence, qui s'ennoblit en pardonnant, Amanda, dont le regard les avait flétris peu d'heures auparavant, les comblait maintenant de politesses et de prévenances, tandis que son cœur était pour eux plein de fiel ! Disciple de l'incrédulité et du monde, qui lui aurait appris à pardonner !

VI

« Tu es un bien éloquent avocat de la charité,
ma chère Louise, et je sens combien ta cause est
bonne ; mais tu ne la gagneras pas.

— Comment, mon ami, vous, avouer la justice
d'une cause et me la faire perdre de propos déli-
béré ! C'est mal, c'est très mal.

— Ecoute, Louise, tu as raison en me disant
que nous ne devons point juger les actions et moins
encore les intentions des autres. C'est la loi de
l'Evangile, belle, sainte comme Dieu lui-même.
Mais tu ne peux m'empêcher de penser et de dire
qu'un homme qui, depuis six grands mois, n'écrit
pas à son meilleur ami, le laisse dans l'inquiétude,
dans le chagrin... oui, il faut bien avouer une faiblesse dont je rougis, dans le chagrin... que cet
homme est indigne d'être aimé, qu'il est coupable...

— Ah ! s'écria Mme de Norwins en interrompant

son mari, pensons plutôt qu'il est malheureux.

— Je vous tiens, petite sainte, dit M. de Norwins d'un ton triomphant. Ah! vous ne voulez pas que moi, vieux marin, chrétien à demi par vos bons exemples et conseils, je pense que M. Leynières est coupable d'ingratitude envers moi, et vous pensez que sa femme le rend si malheureux qu'il n'ose plus m'écrire. »

Louise rougit. Elle craignit d'avoir nui à la cause de Dieu près de l'homme estimable qu'elle voulait lui gagner entièrement. Mais, après avoir joui quelques instants de son embarras, M. de Norwins dit en lui serrant affectueusement la main : « Tu as raison, mon enfant, nous connaissons assez Amanda pour avoir cette crainte. Eh! c'est bien pourquoi j'en veux à ce fou Henri, qui a pris son engouement pour un beau zèle....

— Mon ami, n'ai-je pas raison en vous disant que nous ne devons pas juger ?...

— C'est vrai, et j'ai tort d'accuser Henri. La droiture de son cœur m'est trop connue pour que je doive le soupçonner. Mais il s'est bercé d'une folle chimère, il ne changera point Amanda ; il est de ces natures contre lesquelles exemples et conseils échouent.... Ah! vous riez! vous pensez à ce que je vous ai dit de moi-même, et vous dites : « M. de Norwins croit n'être pas de ces natures-là. »

Méchante! mais vous oubliez donc que vous, ange de douceur et de piété, vous n'avez encore fait de moi qu'un demi-chrétien ?

— Plût au Ciel que tous les demi-chrétiens vous ressemblassent, mon ami, ils seraient bien près de l'être tout à fait.

— Vous me flattez, rusé prédicateur. Mais revenons à Henri. Vous le croyez donc malheureux ?

— Sa dernière lettre....

— Louise, ne parlons plus de cette épître ambiguë qui m'a valu un si bon accès de goutte et vous a causé tant de chagrins. Vous savez que je ne puis l'entendre.

— Une phrase seulement, mon ami, je vous en prie. »

M. de Norwins tourna le dos à sa femme et murmura tout bas : « Vilain enfant, moi qui l'ai tant aimé!... »

Louise se tut. Elle pensa que le moment n'était pas favorable, et serra la lettre qu'elle avait prise dans le bureau de son mari. Celui-ci se retourna vivement. « Eh bien, dit-il, cette phrase...»

Mme de Norwins reprit la missive et lut avec son doux et pénétrant son de voix : « Tout le » monde va bien ici, sauf ma mère qui est un peu » souffrante. »

« Sans doute, interrompit M. de Norwins, à

l'exception des malades, tout le monde va bien. »

« Elle aurait besoin de distraction ; je vais louer
» une maison de campagne, loin du tracas de
» Paris... »

« Excellent moyen! reprit M. de Norwins :
pour distraction, la solitude. »

« Là, peut-être, retrouvera-t-elle le calme que
» nous ne pouvons plus rencontrer ici. Oh! qu'elle
» est dure et pénible cette vie de fêtes et de plai-
» sirs où le cœur voit s'effeuiller sa couronne
» d'illusions et de bonheur! cette vie où l'âme
» tombe et se flétrit, où l'esprit s'égare et se perd !
» Puisse la retraite leur rendre, à cet esprit, à ce
» cœur, à cette âme, un germe précieux d'intel-
» ligence, de force, un avenir... »

« En effet, dit M. de Norwins, Henri ne peut
vouloir parler de sa mère! Continuez, Louise,
continuez. »

« Vous, mon ami, qui sentez le prix de cette
» existence paisible, heureuse, dites à celle qui
» vous la donne de la demander à Dieu pour
» nous. Dans ma prochaine lettre, je vous don-
» nerai, si je le puis, les détails que me demande
» votre amitié. Pardonnez-moi de ne pas l'avoir
» fait, de ne pas le faire encore; j'ai tant de
» préoccupations! Adieu. »

« Vous avez raison, ma Louise, Henri n'est pas

coupable. Je lui écrirai, je ne lui demanderai rien,
je respecterai son secret; et, en attendant, vous...
nous prierons pour lui.... »

Louise remercia son mari par un doux regard,
et le soir, le vieux marin, à genoux devant une
image de Marie, implorait pour Henri Leynières
la puissante Consolatrice des affligés.

VII

Tandis que la douce influence de la religion, en faisant marcher dans les voies de Dieu un marin couvert d'honorables blessures, lui donnait une vie douce et pleine de charmes, l'incrédulité, en desséchant le cœur d'une femme, belle et placée dans la plus brillante position, versait à pleines mains l'amertume et la douleur sur l'existence des deux êtres qu'elle devait le plus chérir : sa belle-mère et son mari.

L'affection maternelle de Mme Leynières ne pouvait triompher de l'orgueilleuse indifférence d'Amanda, ni obtenir grâce à ses yeux pour ce qu'elle appelait la rigidité de ses principes. Inquiète déjà pour le bonheur de son fils, la tendre mère avait vu ses craintes se changer en certitude, et le jour même du mariage d'Henri, un bien léger incident lui avait révélé l'avenir qui l'attendait.

La robe d'Amanda, conforme en tout aux exi-
gences de la mode, blessait celles de la modestie.
Mme Leynières s'en aperçut, et s'étant procuré une
riche écharpe d'Angleterre, elle la posa sur les
épaules d'Amanda au moment où sa toilette venait
d'être achevée, en lui disant : « Chère fille,
c'est mon présent de noces, portez-le pour l'amour
de moi.

— Oui, madame, répondit Amanda d'un ton
railleur, à soixante ans, comme souvenir, je vous
le promets. » Puis, jetant dédaigneusement sur
un fauteuil l'écharpe qu'elle avait arrachée de son
cou avec colère, elle ajouta : « Je ne suis pas
encore à l'âge où la pruderie est la seule parure
permise. Quand l'heure sonnera pour moi, je me
rappellerai, madame, vos bons conseils et vos
saints exemples.

— La pudeur ne connaît point d'âge, made-
moiselle, reprit Mme Leynières avec fermeté, et
si vous persistez à porter au pied de l'autel cette
immodestie dont je rougis pour vous, Henri peut
chercher une étrangère pour me remplacer, je
n'irai pas. »

Amanda pour toute réponse, lança un regard
terrible à Mme Leynières, et tournant les yeux du
côté de Henri, elle essaya l'effet d'un de ses plus
charmants sourires; mais la froideur glaciale qui

l'accueillit lui ôta tout espoir. Voulant pourtant vaincre à tout prix, elle dit à son fiancé du ton le plus tendre : « Qu'en pensez-vous, mon ami, votre mère...

— .... A raison... comme toujours, interrompit Henri d'une voix altérée ; ce qu'elle a dit, je le pensais, et j'allais vous le dire moi-même. »

Amanda demeura interdite; elle se promenait dans la chambre à pas précipités, tandis que Mme Leynières, pressée dans les bras de Henri, lui disait en pleurant : « Il est temps encore, mon fils !

— J'ai eu tort, Madame, s'écrie tout à coup Mlle Fitz-Owald ; pardonnez-moi, et qu'un baiser maternel m'apprenne que je suis encore votre fille ! »

Amanda était à genoux devant Mme Leynières, et l'écharpe se plissait sous ses doigts. La bonne mère de Henri pressa dans ses bras l'orgueilleuse jeune fille; mais de ce moment toutes ses craintes prévalurent dans son esprit, et elle n'osa plus espérer pour Henri ni bonheur ni repos.

A peine parvenue au but qu'elle s'était proposé d'atteindre, Amanda jeta bien loin le masque dont elle s'était servie. Vainement sa belle-mère, opposant une angélique douceur à ses emportements, lui laissait un empire absolu dans la maison, elle n'obtenait d'elle qu'un froid dédain, de spirituelles railleries, d'amers sourires. Henri, occupé tout le jour de ses affaires, n'était pas instruit du martyre qu'endurait sa mère bien-aimée. Amanda, pour mieux assurer son empire, savait devant lui se contraindre et témoigner d'affectueux égards à Mme Leynières; celle-ci, pour conserver à son fils l'illusion du bonheur, renfermait ses chagrins dans le fond de son âme et rendait Dieu seul confident des peines qui l'accablaient.

Bientôt cette vie d'intérieur, embellie par l'amitié, égayée par d'innocents plaisirs, cette vie si douce pour une âme qui connaît ses devoirs, devint insupportable à la jeune femme, qui jamais n'avait appris ce que l'on doit à Dieu, aux autres, à soi-même. Quelques réunions où elle fut invitée, et qui furent pour elle autant de triomphes, réveillèrent sa vanité assoupie; il lui fallut des fêtes, un cercle brillant, un luxe effréné. Henri aimait Amanda; il craignit de l'aigrir par un refus, il consentit à tout.

Qu'étaient-elles devenues ces pensées, ces espérances d'une conversion naguère pour Henri le but de son mariage? Il est lui-même subjugué par l'ascendant d'une femme qui sait le tyranniser avec art; ses moindres caprices sont pour lui des lois; il trouve toujours une excuse pour ses

défauts, ses actions, ses discours, même ceux qui
blessent le plus ses convictions d'enfance et les
principes qu'il tient de sa pieuse mère, et il les re-
jette toujours sur son éducation première, et plaint
Amanda bien plus qu'il ne la blâme. Il attend tout
de son affection, du temps et de la Providence,
dont chaque jour il implore pour sa femme les
éternelles miséricordes.

« Amanda sera bientôt mère, dit-il à Mme Leynières chaque fois que celle-ci trahit ses inquié-
tudes pour l'avenir, alors elle sera toute à nous;
nous l'amènerons à Dieu, et notre joie sera
parfaite. »

La mère de Henri souriait douloureusement et
regrettait d'avoir parlé.

VIII

Pour plaire à sa fière compagne, qui rougissait
de son négoce et de ses travaux, Henri avait
quitté le commerce, et, réalisant sa fortune, jouis-
sait de ce repos que l'homme goûte avec plus de
délices encore quand il est le fruit de ses courageux efforts. L'hôtel qu'il habitait était devenu
le rendez-vous de toute la brillante compagnie
de la capitale. Amanda y commandait en reine,
et son empire, à mesure qu'il avait grandi, était
devenu plus tyrannique et plus dur. Henri bais-
sait les yeux devant sa mère ; il espérait pourtant
encore, mais il n'osait plus le dire.

Un soir qu'une entière solitude régnait dans
l'élégant hôtel, Mme Leynières, Henri et Amanda
se trouvaient par hasard réunis. Le cœur toujours
rempli de ses pensées de vie intime, Henri rompit
le silence, et parlant avec feu du bonheur prochain

dont il allait jouir, il demanda tendrement à sa femme si elle comptait nourrir l'enfant dont bientôt elle allait devenir mère.

Un étonnement profond se peignit sur les traits d'Amanda. Elle demeura quelques instants sans répondre, puis elle s'écria enfin : « Moi!... mais, monsieur, vous n'y pensez pas, sans doute. »

Henri, déconcerté par le ton léger de cette réponse, ne put retenir un mouvement d'indignation. « Pardonnez-moi, dit-il sévèrement ; et en y pensant, j'ai voulu vous procurer une joie véritable, car, pour une mère, nourrir son enfant, c'est un bonheur.

— Et un devoir, dit avec fermeté Mme Leynières.

— Trêve d'observations, madame, dit Amanda avec hauteur. Pour certaines gens, il se peut....

— Amanda, s'écria Henri, est-ce ainsi que vous parlez à ma mère?

— Oui, mon cher, dit Amanda du ton le plus dégagé, je me permets cela toutes les fois que madame m'y force en oubliant que je n'ai ici qu'un maître ; et malheureusement, sur ce point, elle a fort peu de mémoire. »

L'amour de Henri pour sa mère était aussi vif que profond ; l'indignation étincela dans ses regards, « Oh ! c'est trop fort, s'écria-t-il en se levant avec vivacité, vous ne l'insulterez jamais impunément, madame!... Et, vous, ma mère, ajouta-t-il en courant à Mme Leynières, ma bonne mère! comment avez-vous pu souffrir?...

— Oh! madame est chrétienne, dit ironiquement Amanda; elle a choisi sa voie pour aller au ciel, c'est l'héroïque chemin de la résignation. Elle se pose en martyre... vraiment c'est sublime! »

Puis, avec un rire moqueur et un regard insultant, Amanda quitta la chambre, laissant Henri pétrifié et Mme Leynières au comble de la douleur.

Le bandeau qui couvrait les yeux de Henri était déchiré. Il se jeta dans les bras de sa mère. C'est le plus doux asile que Dieu offre aux cœurs brisés.

« Courage, mon enfant, dit Mme Leynières à son fils désolé; ta femme est jeune... espérons encore...

— Ah! ma mère, d'aujourd'hui je n'espère plus! dit lentement Henri; elle n'a pas de cœur!...

— Pense, mon ami, qu'elle n'a jamais connu ni rempli aucun devoir. Bientôt, séparée forcément du monde, pour quelque temps au moins, elle sera toute à nous, comme tu le disais, et nous la ramènerons à ses devoirs.

— Bonne mère, votre cœur loyal dissimule pour ne pas accroître ma douleur. Dites-moi.., cet espoir, l'avez-vous conçu?

— Mais... il se pourrait...

— Non, non, vous ne croyez pas à ce bonheur. Je le rêvais, moi ; mais maintenant je suis éveillé. Je voulais son bonheur, son retour au bien, à la vertu ; je voulais lui apprendre ce Dieu qu'elle ignore, et je l'ai conduite au sein des plaisirs, je l'ai laissée boire à leur coupe enivrante, et sa raison s'est perdue. Mais vous, ma mère, pourquoi ne m'avez-vous pas dit tout ce que vous aviez à souffrir ?... M'auriez-vous fait l'injure de penser...

— Oh! non, mon fils, non, je n'ai jamais douté de ton cœur ; mais je voulais que tu pusses espérer encore, et j'aimais mieux souffrir seule.

— Vous ne souffrirez plus, ma mère, mon parti est pris irrévocablement. »

Henri tira le cordon d'une sonnette ; un domestique parut. « Joseph, courez chez M. Molay, priez le de venir à l'instant me trouver dans mon cabinet ; à l'instant, vous m'entendez.

— Que veux-tu faire? demanda Mme Leynières à son fils lorsqu'ils furent seuls.

— Réparer, s'il se peut, mes torts, et assurer la paix de votre vie, ma mère.» Il l'embrassa tendrement en disant ces mots, et se rendit à la hâte dans son cabinet.

C'était sous l'impression de cette scène que Henri avait écrit à M. de Norwins. Son cœur d'abord s'était épanché tout entier dans le sein de son ami ;

mais il avait pensé aux conseils du baron, et par
une fausse honte, voulant garder son fatal secret,
il n'avait laissé échapper que des phrases incohé-
rentes qu'avait devinées l'affection de Louise et qui
désolaient le vieux marin depuis qu'il avait permis
à sa femme de les lui faire comprendre.

IX

L'entretien de Henri avec M. Molay, son homme
d'affaires, dura plusieurs heures. Mme Leynières,
en proie à l'inquiétude, se demandait en vain quelle
en serait l'issue. Elle avait prié Amanda de se
rendre près d'elle ; Amanda était allée faire des
visites. Seule avec son angoisse de cœur, la pauvre
mère conjurait le Ciel de rendre à son fils la paix
et le bonheur, fût-ce même au prix des jours
qu'elle avait encore à passer en ce monde.

Henri fit prévenir sa mère qu'il était forcé de sortir, et que probablement il ne rentrerait pas pour
dîner. Mme Leynières attendit Amanda jusqu'à sept
heures, et se mit à table, seule, triste, dévorée
d'inquiétude et de chagrin.

Dix heures sonnèrent. Amanda n'était pas ren-
trée. Mme Leynières, troublée de l'absence de Henri,
bénissait Dieu cependant qu'elle se prolongeât, et

hâtait de tous ses vœux le retour de sa belle-fille. Le bruit d'une voiture frappe son oreille attentive ; elle s'élance sur l'escalier. C'est Amanda.

« Ma chère enfant, s'écria Mme Leynières en tendant les bras à sa belle-fille qu'elle avait suivie dans son appartement, combien je désirais votre retour! Henri n'est point encore rentré.

— Je le sais, madame, répondit dédaigneusement la jeune femme en reculant de quelques pas. J'ai besoin de repos; veuillez vous retirer.

— Amanda !

— Madame !

— Vous ne m'aimez donc plus?

— Dites plutôt que je ne vous aime pas; vous parlerez plus juste. »

En achevant ces paroles, qu'elle accompagna d'un sourire insultant, Amanda rentra dans sa chambre, dont elle ferma la porte à double tour.

Une demi-heure s'était à peine écoulée que Mme Leynières entendit rentrer son fils. L'appartement d'Amanda n'était plus éclairé, et pour éviter de pénibles explications, Mme Leynières, qui depuis neuf heures avait renvoyé sa femme de chambre, s'empressa d'éteindre sa bougie.

Le sommeil, comme la paix, était banni de l'hôtel Leynières. Henri et sa mère passèrent une de ces nuits d'angoisses qui brisent et torturent. Tous

deux pourtant eurent le courage de ne rien laisser
paraître de leurs souffrances, et la sécurité d'A-
manda, un moment troublée, fut le lendemain plus
confiante que jamais. Aucun reproche n'échappa à
M. Leynières, aucune parole amère ne sortit de ses
lèvres. Quant à sa bonne mère, elle était, comme
toujours, un ange de clémence et de bonté.

Huit jours après la scène qui avait si douloureusement affecté Henri, une conversation assez intime
retenait Amanda près de lui. Il y avait longtemps
qu'elle ne s'était montrée si affectueuse, aussi
peu ennuyée d'une matinée casanière. Un domestique apporte une lettre ; Henri la lit avec attention, et la donne ensuite à sa femme, qui s'écrie
en achevant les dernières lignes : « En vérité, mon
cher ami, on n'est pas plus aimable que vous. Vous
avez à vos ordres les plus délicieuses surprises.

— N'est-ce pas, dit Henri d'un ton où l'ironie
dominait la douceur. Je n'ai pas voulu que vous
fussiez seule à m'en accuser, et comme vous, j'ai
su m'envelopper dans le manteau... Bonne mère,
ajouta Henri en se tournant vers Mme Leynières,
pardonnez-moi d'avoir eu un projet sans vous le
soumettre ; il fallait agir pour vous, et c'est la seule
cause de mon silence. J'ai acheté, poursuivit-il
plus gaiement, un charmant ermitage dans une
riante province. Là nous vivrons l'un pour l'autre,

loin des envieux et des faux amis. Amanda, donnez vos ordres pour vos apprêts, nous partons dans trois jours. »

Amanda, pâle, tremblante, semblait avoir perdu en un moment cette inflexible volonté qui faisait tout courber sous ses lois. Elle se leva, et d'une voix mal assurée elle dit à son mari, en s'efforçant de sourire : « Votre vie d'ermite sera-t-elle consacrée par le vœu de clôture et de perpétuité?

— Cela dépendra, reprit Henri avec une sorte de froideur; si le noviciat porte de bons fruits, la profession pourra n'avoir pas lieu. Mais hâtez-vous, Amanda, vos préparatifs seront longs, et nous partons dans trois jours. »

M. Leynières se leva et pria sa mère de le suivre dans son cabinet. Amanda les regarda sortir, et tordant ses mains l'une dans l'autre avec désespoir, elle laissa échapper ces mots qui révélaient ses tortures : « Oh! les malheureux! ils me tueront.»

X

Sur la pente boisée d'un coteau, une jolie maison blanche présentait, au soleil levant, ses tourelles et les jalousies vertes dont ses croisées étaient ornées. Du balcon arrondi qui régnait au premier étage, l'œil enchanté embrassait une étendue immense : la Loire avec ses bords enchantés, et de loin Chambord avec ses élégantes tourelles, sa forêt de grands chênes et tous ses souvenirs; puis de belles et fertiles plaines, de riches vignobles, de gracieux villages, groupés comme de vieux amis, ou semés çà et là sur le haut des collines.

A dix minutes de marche, le village de Saint-Pierre avec son église antique et les jolies maisons qui l'entouraient ; non loin de là encore, une ville dont l'église fait toute la beauté, Cléry dont Louis XI vénérait tant la patronne, cette Notre-Dame qu'il invoquait pour le pardon comme pour le conseil, et sous la protection de laquelle il voulut qu'on plaçât ses cendres. Si l'œil se trouvait fatigué de l'espace qu'il pouvait parcourir, il pouvait se reposer avec délices sur le magnifique jardin de la simple et gracieuse maison, sur ses allées de tilleuls, ses sombres bosquets ou ses parterres embaumés.

C'était là le lieu tranquille auquel Henri était venu demander le repos et le bonheur; l'aimable asile que Mme Leynières nommait son paradis terrestre, et qu'Amanda appelait dédaigneusement *la Sybérie de M. Leynières.*

A l'abattement qui s'était d'abord manifesté chez elle, Amanda avait fait succéder l'emportement le plus violent. Henri, qu'animait une résolution louable et forte, ne s'était laissé ni émouvoir par les larmes, ni effrayer par la colère, ni ébranler par les promesses. Mme Leynières, craignant pour Amanda les suites d'une aussi pénible agitation, avait vainement cherché par ses prières à désarmer l'inflexible volonté de son fils. Henri, pour la première fois, avait résisté aux demandes de sa mère.

Du reste, tout ce qui plaisait à la jeune femme était rassemblé à Saint-Pierre. Ses herbiers favoris étaient placés dans sa bibliothèque, où à l'avance Henri avait fait porter ses livres. Une volière, remplie des plus beaux oiseaux, avait été élevée à l'endroit le plus agréable du jardin ; et pour la froide saison, les protégés d'Amanda avaient une retraite ménagée dans un cabinet dépendant de son modeste mais élégant appartement. Un piano, une harpe, les pinceaux, les palettes, rien ne manquait : on voyait qu'une affectueuse tendresse avait pensé à tout.

Ces prévenances aimables étaient comptées pour rien. Chaque jour était marqué par un chagrin nouveau. Si M. Leynières s'absentait pendant quelques heures, sa pauvre mère, en butte à toute la mauvaise humeur d'Amanda, voyait toute sa tendresse repoussée, toutes ses bontés payées par l'ingratitude la plus outrageante. Elle se taisait ; mais le chagrin, comme un ver rongeur, s'était attaché à son cœur aimant et sensible, et la conduisait à pas lents vers la tombe.

Amanda devint mère ; elle mit au monde une petite fille que Mme Leynières et M. de Norwins, depuis longtemps revenu de sa colère contre Henri, tinrent sur les fonts sacrés. Mais ni les prières de Henri, ni celles de sa mère ne purent vaincre la résolution première d'Amanda. Il fallut qu'une femme étrangère vînt sous ses yeux donner à sa fille son lait, ses soins, lui ravir ses premiers baisers et son premier sourire.

Abandonnée aux soins de sa nourrice, la pauvre petite Marie ne recevait de sa mère ni caresses ni visites. Deux fois par jour, la nourrice la conduisait près d'Amanda, qui l'embrassait au front, et au moindre cri la renvoyait avec irritation. Son père et Mme Leynières étaient seuls à l'aimer.

Les journées d'Amanda se passaient dans les bois et les plaines qui avoisinaient sa demeure. Accompagnée d'un domestique, elle parcourait à cheval tous les environs de Saint-Pierre. Si le mauvais temps la contraignait à demeurer, elle se renfermait chez elle, ne paraissait qu'aux heures de repas, et répondait d'un ton léger aux plaintes de son mari : « Mais, mon cher, je fais ce que vous avez voulu : je suis ermite. »

M. et Mme de Norwins venaient tous les trois mois passer quinze jours à Saint-Pierre. La jeune femme alors demeurait confinée chez elle et ne descendait pas. M. de Norwins voyait son mari si malheureux, qu'il gardait au dedans de lui toute son indignation; mais il disait à sa femme : « Eh bien, Louise, j'avais raison, elle le fera damner, et elle ne se convertira pas. »

Une nouvelle douleur, la plus cruelle de toutes, allait fondre sur Henri. Mme Leynières, qui depuis longtemps sentait ses forces dépérir, fut atteinte d'une maladie que, dès les premiers jours, les médecins déclarèrent mortelle. Une éternité de bonheur allait devenir la récompense de ses douces et sublimes vertus.

Henri, fort contre la fatigue et la douleur, ne quittait pas le chevet de sa mère bien-aimée. C'était lui, toujours lui qui lui présentait les médicaments ordonnés par le docteur, lui qui lui remuait son lit de souffrances, qui la soutenait dans ses bras, et, d'une voix ferme et sûre, l'exhortait au courage, à la résignation.

Amanda, deux fois le jour, passait sa tête à la porte entr'ouverte, et demandait : « Comment va la malade ? » Puis elle se hâtait de s'éloigner.

Mme Leynières voulut recevoir de bonne heure les consolations de la religion, et, par bienséance, Amanda voulut être présente à la cérémonie.

C'est une belle et touchante pompe que celle du sacre de l'agonisant qui va régner dans l'éternelle béatitude ! C'est un beau festin que ce pain d'immortalité donné à l'âme qui lutte contre la mort ! Amanda, agenouillée comme tous les témoins de cette scène auguste, semblait saisie d'une crainte aussi respectueuse que salutaire. Son regard suivait l'action du prêtre qui faisait couler l'huile des infirmes sur les membres de la mourante ; puis elle admirait l'angélique résignation qui brillait dans les yeux à demi éteints de sa belle-mère, et s'avouait qu'une puissance surhumaine pouvait seule donner tant de courage et rendre douces les amertumes de la mort.

Quand l'hostie consacrée parut entre les mains du prêtre, Amanda ne put commander un mouvement de religieuse frayeur ; il lui semblait qu'elle sentait près d'elle un juge qui lui demandait un compte rigoureux de sa conduite envers celle qui, dans quelques instants, allait elle-même subir les arrêts de la justice suprême. Aussi, cédant à ses remords, elle s'élança près du lit de Mme Leynières, et, tombant à genoux, elle s'écria :

« Ma mère!... Oh! ma mère!... pardonnez-moi! »

A ce cri d'un profond repentir, Mme Leynières sentit une joie pure inonder son âme. « Mon Dieu, dit-elle en prenant dans ses mains, couvertes déjà de la glace de la mort, les blanches mains de sa belle-fille, mon Dieu, je vous la donne!... Prenez-la!.... Qu'elle soit à vous!.... Mon Amanda!... ma fille !.... je vous ai pardonné depuis longtemps !... Je vous aime, je vous bénis ; et dans le ciel, près du Dieu des miséricordes, je prierai pour vous. »

Fervente et recueillie, la mourante voulut rendre un dernier hommage à la grandeur de l'Hôte divin qui la visitait, et recevoir, à genoux, l'auguste Via-tique. Henri et Amanda la soutinrent dans leurs bras, et celle-ci, dont les pleurs inondaient le visage, pour la première fois peut-être, priait dans son cœur.

Mme Leynières, comme si elle eût épuisé la coupe des douleurs et celle des consolations, ne sortit du pieux recueillement où l'avait plongée la visite du Seigneur que pour bénir ses enfants ; elle mourut en leur souriant encore.

La douleur de Henri fut cruelle, mais calme et résignée. Celle d'Amanda s'exhalait en cris, en malédictions sur elle-même, en éloges pompeux de sa belle-mère. Ses regrets étaient sincères ; mais la

religion manquait encore pour les rendre chrétiens, durables et salutaires à son âme.

Henri voyait peu de monde; sa bonne renommée
seule lui avait fait, de ses voisins, autant d'amis,
qui tous s'empressèrent de venir lui offrir des
consolations. Ces liaisons nouvelles obligèrent à
de plus fréquentes visites, et quand Amanda se
vit de nouveau sur la scène du monde, bien que
le théâtre fût plus petit, elle voulut y jouer un
rôle. L'enivrement des louanges troubla bientôt
sa raison déjà si peu affermie, et les conseils de
la mort et du repentir furent encore une fois
étouffés.

XII

« Pour l'amour de Dieu, madame, prenez donc
un peu de nourriture. Voilà deux jours que vous
refusez tout ce que je vous présente. Vous me
faites bien de la peine.

— Merci, Marthe, je n'ai besoin de rien, je ne
veux que mourir.

— Mourir ! ah ! madame, on ne parle pas comme
ça quand on n'a que vingt-six ans et qu'on est mère.

— Mère ! est-ce que je l'ai été ? est-ce que je
le suis encore ? Quand j'avais une fille, elle m'était
étrangère, et tu sais bien qu'on me l'a ravie.

— Oh ! monsieur a eu grand tort de vous ôter
votre petite Marie ; elle vous aimait tant !

— Elle m'aimait ?...

— Oh ! si elle vous aimait ! Tous les matins,
quand je la lavais, elle me disait : « Marthe, verrai-je
maman, » aujourd'hui ? Et quand je lui répondais

que vous étiez chez Mme Gerval, elle secouait tristement la tête et disait : « Peut-être que ce sera pour demain. » Et puis elle priait le bon Dieu pour vous d'une petite manière si gentille, que je pleurais en la regardant.

— J'ai été un monstre, et je ne suis pas assez punie encore.

— Le bon Dieu vous a rudement éprouvée, madame ; mais si vous le priez comme le priait Marie, il vous rendra tout votre bonheur.

— Est-ce que je sais prier, moi ?...

— Ça n'est pas difficile. Le bon Dieu ne demande pas de beaux discours, mais de la confiance, de la foi....

— Mais, Marthe, je n'ai pas de foi. Ce Dieu que vous me dites de prier, je ne le connais pas.

— Vous ne connaissez pas Dieu ! s'écria Marthe avec une sorte d'effroi. Ah bien alors, madame, je comprends que vous ayez tant de chagrin, et que, séparée de votre enfant, vous vouliez mourir. »

Il se fit un long silence. Amanda, car c'était elle, leva sur Marthe un douloureux regard. « Vous avez aussi perdu une fille, lui dit-elle.

— J'ai perdu tout ce que j'aimais dans ce monde, reprit Marthe en essuyant ses larmes. Ma mère, qui m'a bénie en mourant, et qui disait au bon Dieu en serrant ma main : « Je vous la donne, elle n'a plus que vous.... »

Amanda laissa échapper un cri douloureux. « Continuez, Marthe, dit-elle ensuite.

— Alors, pour accomplir le désir de ma mère, j'ai servi Dieu plus qu'auparavant. Trois ans après sa mort, je me suis mariée à un petit fermier de la Touraine. J'ai eu quatre enfants que j'ai tous nourris. En une même année, la grêle a détruit notre récolte, l'épidémie a tué notre bétail, le feu du ciel a brûlé nos granges. Nous étions ruinés. Mon mari s'est mis garçon de ferme ; moi, j'allais travailler à la ville, tandis que des voisins charitables gardaient nos enfants ; et nous étions encore heureux parce que nous nous aimions, que nous avions la conscience tranquille, et que nos enfants ne manquaient pas de pain. Mais le chagrin avait trop frappé mon pauvre mari ; il fut malade trois mois et mourut à l'hôpital.... Quand je suis sur ce sujet, je parle, je parle, et j'ennuie madame....

— Non, ma bonne Marthe ; continuez, je vous prie.

— Mon pauvre Matthieu mourut donc à l'hôpital.... Je restai seule avec mes quatre innocents. Leur pauvre père m'en appela deux en six mois. Le troisième fut écrasé par une voiture de Paris, en revenant de glaner dans un champ, il y a tantôt cinq ans.

— Quoi! s'écria Amanda, sur la grand'route de Tours!... Malheureuse que je suis! Cette voiture était la mienne. Ah! Marthe, vous allez me haïr.... C'est moi, c'est mon imprudence....

— Ce n'est pas étonnant, madame ne connaissait pas le bon Dieu, et les riches qui n'ont pas la foi ne peuvent être que bien durs. »

La voix de Marthe était tremblante; ses traits étaient altérés. Amanda l'interrompit :

« Pauvre mère, dit-elle en prenant la main de sa servante dans les siennes, pardonnez-moi mon égoïsme, ma cruauté! On dit que le Dieu que vous servez priait en mourant pour ses bourreaux. Imitez-le, et priez pour celle qui vous a privée de votre enfant. »

Marthe, peu habituée à tant de bonté, baisa la main de Mme Leynières, et d'un regard suppliant l'invita à prendre quelques aliments. « Oui, dit Amanda, j'y consens; maintenant il faut que je vive, car j'ai beaucoup à expier. »

XIII

Le simple récit de la bonne Marthe avait jeté
dans l'âme d'Amanda ce trouble salutaire que
Dieu réserve dans les trésors de sa miséricorde.
Il y avait cinq ans, revenant d'une fête brillante
en la société d'amis mondains, la voiture de
Mme Leynières avait renversé sur la route un
pauvre enfant dont les cris attestaient la souffrance. Le premier mouvement d'Amanda fut, il
faut le dire, de faire arrêter les chevaux. Mais
un petit étourdi s'écria : « Ces petits rustres sont
vraiment impayables, ils croient avec quelques
cris faire rétrograder toute une cavalcade. »

Mme Leynières avait souri, et pourtant l'enfant
était blessé à mort.

La foi pure de Marthe, sa douce résignation
étaient pour Amanda une énigme inexplicable. Elle
regardait cette femme, simple et grossière paysanne,
avec une sorte d'admiration, et ne pouvait com-

prendre comment tant de grandeur s'alliait à une condition si humble, tant d'héroïsme à tant de candeur. Toute la force que donnent la connaissance et l'amour de la religion, Amanda n'en avait point l'idée; aussi, dans son étonnement, elle respectait, elle vénérait presque celle qui lui tenait un langage si sublime et si naïf tout ensemble, et dont la voix trouvait un écho dans son cœur.

Lorsque l'émotion qu'elle éprouvait fut un peu calmée, Mme Leynières pria Marthe de reprendre le récit de ses malheurs, et celle-ci, avec cette exquise délicatesse que donne la charité, évita de revenir sur l'accident qui l'avait privée de son enfant.

« La petite vérole m'enleva ma fille à peine âgée de deux ans, poursuivit Marthe, et je restai seule au monde. Je croyais mourir; mais la religion me vint en aide, et j'appris qu'on pouvait vivre avec le chagrin. Je me plaçai chez l'ancien propriétaire de cette maison, et je passai de son service au vôtre. Vous savez maintenant, madame, toutes mes peines.

— Oui, interrompit Amanda; mais vous êtes plus heureuse que moi; vous ne savez pas ce que font souffrir les remords.

— Eh! madame, nous sommes tous faits de même; la croix que nous portons nous paraît toujours la plus lourde, et cependant le bon Dieu la proportionne à nos forces. »

Mme Leynières secoua la tête. Sa négation témoignait de son peu de foi. « Ah ! reprit-elle tristement, ce que vous appelez ma croix est bien au-dessus de ma faiblesse. Mon mari me délaisse ; il m'enlève ma fille, et, pour m'aider à porter le double poids de son abandon et de ma douleur, je n'ai pas une amie !...

— Ah ! madame....

— Vous, bonne Marthe... pardon, je l'oubliais.

— Je n'ai pas la hardiesse de me ranger parmi les amies de madame ; mais si elle voulait confier ses peines....

— A qui, Marthe ? A Mme Delbarre, qui s'est hautement réjouie de mon malheur ? A Mme de Saint-Erny, qui, sous les dehors de la tendresse, cache une implacable jalousie ? A Mme Gerval, dont les conseils m'ont perdue en me faisant préférer les plaisirs aux devoirs, en m'aliénant le cœur de Henri.... Oh ! non, non, jamais.

— Madame n'a pas que ces amis-là dans le monde ; ceux-là ne seraient pas capables de la consoler. Tant qu'ils ont pu trouver avec vous plaisir ou profit, à la bonne heure, ils se disaient tout à vous ; à présent que le malheur est venu, se sont-ils seulement présentés ici ?...

— Oh! qu'ils ne viennent pas, Marthe! Je ne
veux plus les voir. Moi, humiliée devant eux! moi,
seule avec eux!... Oh! non, non!... »

— Ils ne viendront pas, madame; et s'ils l'o-
saient, ils n'entreraient pas, je vous le promets.
Seulement, je voulais dire à madame... qu'elle a...
un peu loin....

M. et Mme de Norwins ! s'écria Mme Leynières
en poussant un cri. Ah! qu'ils ne sachent jamais
mon malheur; ils sont bien vengés; mais je veux
qu'ils l'ignorent, j'aurais trop à rougir....

— On ne doit rougir que de ses fautes, jamais
de son malheur. »

Une voix mâle et fortement accentuée avait
prononcé ces mots. Amanda, tremblante, lève les
yeux et cache aussitôt son visage dans ses mains.
M. de Norwins était près d'elle.

XIV

« Pauvre Amanda, dit le marin en baisant avec
douceur les mains de Mme Leynières, vous êtes
malheureuse, et vous ne l'avez pas écrit.

— Monsieur... pardon..., balbutia Amanda ;
je ne sais... O mon Dieu, prenez pitié de moi !

— Le voilà donc, s'écria M. de Norwins, le
voilà, ce cri du pauvre cœur qui ne peut plus
lutter contre lui-même : « Mon Dieu ! » Oui, mon
enfant, appelez-le à votre secours, c'est le plus sûr
des amis. Il a donné, soyez-en assurée, à quelques
cœurs, mission de le remplacer ici-bas, et il m'envoie près de vous. Louise n'a pu m'accompagner,
depuis huit jours elle m'a rendu père. Mais quand
nous avons reçu la lettre de Marthe, je désirais
partir ; elle m'a dit : « Va la chercher, » et je
suis venu.

— Comment, Marthe, dit vivement Mme Leynières, c'est vous.... » Mais Marthe avait quitté l'appartement.

« Oui, reprit M. de Norwins : c'est cette bonne fille qui, prévenant vos désirs, nous a révélé vos chagrins. Je viens pour vous emmener.

— Vous, monsieur, m'emmener !... près de Louise?

— Oui.

— Chez vous ?

— Oui.

— Oh ! non, jamais.

— Oh! si, tout à l'heure. Quand on a du chagrin, Amanda, on n'est bien qu'auprès de ses amis.

— De ses amis ! Mais vous ne savez donc pas...

— Je sais tout. C'est-à-dire... je ne sais rien que le départ de Henri, de votre fille, et votre chagrin.

— Ce n'est pas de cela que je veux parler, M. de Norwins ; c'est de mes torts envers...

— Vos torts, mon enfant, sont graves, irréparables peut-être ; mais, dans cet instant, nous ne pouvons nous en occuper. Malgré la conduite de Leynières, vous êtes toujours sa femme, il faut vous conserver pour lui; vous êtes mère, il faut vivre pour votre enfant. Ici, tout vous tuerait, les souvenirs vous ôteraient tout repos, la solitude augmenterait votre douleur. Chez nous, rien ne vous rappellera le passé. Vous n'êtes jamais venue à Kerbon ; nous n'avons pas de voisins à mauvais conseils, à pernicieux exemples ; les cœurs y sont purs comme l'air, et votre amie vous attend.

— Mais, monsieur, je ne puis.

— Voyager ? Ah ! pardonnez-moi. Une bonne berline nous attend, nous irons à petites journées, et pour descendre jusqu'à la cour, je suis assez fort pour vous soutenir.

— Ah ! monsieur le baron, je vous savais un honnête homme, l'ami de... M. Leynières, mais je n'aurais jamais pensé....

— Je le crois bien, ni moi non plus, car je n'aimais guère la pauvre Amanda. C'est à ma Louise que je dois cela ; elle m'a rendu tout à fait chrétien, et il y a sept ans je ne l'étais qu'à moitié... tout au plus. Partons, mon enfant. Joseph, votre jardinier, un bien brave homme, vraiment, se charge du soin de la maison. Vos paquets sont faits de cette nuit, prenez ce que vous voudrez encore ; et pressons-nous, car il me tarde de revoir ma femme et ma fille. »

Amanda croyait rêver. Son cœur partagé entre la honte et la reconnaissance, ne savait à quel sentiment se livrer. Ses torts envers Louise, envers M. de Norwins lui avaient paru jusqu'à présent légers, mais aujourd'hui ils pesaient bien lourdement sur son âme. Heureuse pourtant de compter encore des amis quand elle se croyait abandonnée de tous, elle céda à la générosité de M. de Norwins, et, lui tendant la main, elle lui dit avec un triste sourire : « Merci ! »

« Marthe ! Marthe ! cria alors M. de Norwins de toute la force de sa poitrine.

Marthe entra presque en tremblant. « Nous allons partir, lui dit tout bas l'excellent marin ; elle y consent. »

Mme Leynières, qui rassemblait les bijoux que lui avait donnés Henri, et deux lettres qu'elle baisait en pleurant, aperçut Marthe et lui fit signe d'approcher.

« Madame ne m'en veut donc pas ? demanda timidement la pauvre Marthe.

— Moi ! je vous bénis au contraire du bonheur que vous m'avez procuré ; aussi....

Allons, allons, Amanda, dit M. de Norwins un peu impatienté, vous lui direz tout cela en route.

— Quoi ! elle vient aussi ? dit Mme Leynières.

— Eh ! sans doute ; je lui devais bien cela.

— O mon digne ami, une fois encore merci !...»

XV

Vingt-quatre heures s'étaient à peine écoulées que Mme Leynières et le généreux marin arrivaient à Kerbon, où leur présence ardemment désirée, devait apporter un bonheur de plus.

Quand Amanda entra dans la chambre de Mme de Norwins, un tremblement pénible la saisit : c'était la dernière convulsion de l'orgueil expirant. Elle courut à son amie, et la pressant sur son cœur, « Louise, s'écria-t-elle, pardonnez-moi! » Puis, voyant que Mme de Norwins se disposait à l'interrompre, « Non, continua-t-elle, laissez-moi parler; c'est à cette condition seulement que j'accepterai votre hospitalité généreuse.

» M. de Norwins, Louise, que j'eus de torts envers vous! L'orgueil, l'ambition, l'envie avaient desséché mon cœur, égaré ma raison! Cette lettre fatale, elle était....

— De vous, nous le savions, dit Louise en l'embrassant, et depuis longtemps nous vous avions pardonné.

— C'est-à-dire, Louise vous avait pardonné, dit M. de Norwins; car moi, il y a huit mois tout au plus que j'ai pu prendre sur moi de ne pas vous détester de tout mon cœur, et sans ma femme, vrai, je faisais manquer.... »

L'enfant de Louise, placé dans un berceau près du lit de sa mère, fit entendre un léger cri. M. de Norwins n'acheva pas sa phrase, courut prendre sa petite Marie — l'enfant portait aussi le nom qui brisait maintenant le cœur d'Amanda — et l'accabla de caresses; puis à la prière de Louise, il la remit entre ses mains pour qu'elle lui donnât la nourriture que demandaient ses enfantines plaintes.

A la vue de cette union touchante, de ce bonheur domestique dont elle aurait pu jouir, Amanda versa d'abondantes larmes. Ses amis n'essayèrent pas de la consoler; ils savaient qu'une douleur concentrée écrase le cœur de son poids, et ils bénissaient Dieu de ces pleurs abondants qui déchargeaient l'âme de la pauvre délaissée. Mme Leynières se trouva en effet soulagée lorsqu'elle eut pleuré. Il lui sembla que Dieu agréait ses regrets du passé, ses résolutions pour l'avenir, et son sort lui parut moins affreux.

Marthe était au comble de la joie. Sa maîtresse dont elle avait peut-être sauvé la vie, était au milieu d'amis fidèles et empressés. Un jour — Marthe l'espérait d'une ferme espérance — un jour, Dieu ramènerait à lui cette âme égarée; il lui rendrait sa fille, son mari. Et c'était elle que le Ciel avait choisie pour être l'instrument de ses miséricordes! Pour un cœur vraiment chrétien, c'était une douce et pure jouissance. Marthe en goûtait tout le bonheur.

Jusqu'à ce que ce moment heureux fût arrivé, Marthe continuait à prodiguer tous ses soins à son infortunée maîtresse. Cette digne femme, dépourvue d'éducation, mais inspirée par l'esprit de charité et par le sentiment éclairé de ses devoirs, s'acquittait d'une manière sublime, et sans s'en douter, de la mission de salut qu'elle avait à remplir près de Mme Leynières. Celle-ci était touchée de tant de dévouement et de vertus, mais elle était encore trop abattue pour en tirer les conclusions pratiques qui auraient ramené la paix dans son âme.

On aurait vainement cherché en Mme Leynières cette beauté, ces grâces dont s'enivrait son orgueil. La souffrance et le chagrin n'en avaient laissé aucune trace. Son caractère avait éprouvé un changement encore plus remarquable. A sa gaieté folâtre avait succédé une mélancolie profonde; à sa vanité, un dégoût invincible des parures; sa

hautaine brusquerie avait cédé la place à une douceur qui ne se démentait plus. Humiliée à l'excès,
elle s'était courbée sous le coup qui l'avait frappée,
et son esprit, naturellement juste et droit, en lui
rappelant sans cesse ses torts, lui faisait sentir le
besoin de les réparer, autant qu'il se pouvait, par
de continuels combats contre les passions qui les
avaient causés.

Depuis huit jours déjà, elle était au château de
Kerbon, sans avoir eu le courage de faire à ses
amis le récit des circonstances qui avaient accom-
pagné le départ de Henri. Chaque matin lui appor-
tait une espérance que chaque soir venait détruire.
Elle avait pensé que son mari ferait connaître à
M. de Norwins le lieu de sa retraite ; mais cette
illusion était vaine, M. Leynières gardait avec son
ami un silence à mort. Amanda se résignait. Elle
ne priait pas encore ; mais plus d'une fois ses yeux,
interprètes des dispositions de son cœur, se levaient
vers le ciel pour payer à Dieu le tribut que lui
refusaient encore ses lèvres, et demandaient de
douces bénédictions pour tout ce qu'elle aimait.

XVI

Rien n'était plus agréable que le séjour de Kerbon. Une habitation charmante dans un site pittoresque, des aspects enchanteurs, des jardins dessinés avec élégance, contrastant avec la nature agreste qui les entourait comme d'une ceinture verdoyante ; une ferme dans le voisinage du château ; le mouvement des chevaux, des bœufs, des moutons, de la basse-cour : tout respirait la vie et la paix des champs, tout paraissait réuni pour apporter dans l'âme une délicieuse sérénité et pour y faire naître les plus douces émotions.

Amanda restait étrangère à toutes ces jouissances. Un vide immense s'était fait dans son cœur ; elle ne pouvait plus ni voir, ni admirer, ni jouir. Chaque matin, empressée de quitter une couche où elle ne trouvait ni repos ni sommeil, elle venait se placer instinctivement à un balcon devant lequel se déroulait un horizon immense. Là, elle restait plusieurs heures, muette, les yeux fixés sur le même point. Ni les magnificences du soleil levant qui versait sur la nature un océan de lumière et de feu, ni le gracieux tableau de la verdure et des fleurs, ni le spectacle des collines ombragées, ni le chant harmonieux des oiseaux, ni la vue d'un limpide ruisseau qui serpentait à travers les prairies, ne pouvaient l'arracher à la pensée unique qui dominait son âme. Elle semblait insensible à toutes ces beautés qui venaient s'étaler devant son regard ; elle paraissait sourde à toutes ces voix qui parlent un si éloquent langage.

De temps en temps quelques larmes tombaient de ses yeux ; comme des gouttes de rosée qui rappellent la vie dans les plantes desséchées, ces pleurs faisaient du bien à son âme, ils étaient les précurseurs d'une émotion qui portait Amanda à recourir au Consolateur suprême ; et quand ses larmes continuaient à couler avec abondance, elle sentait son cœur rafraîchi et sa douleur moins amère.

Mme de Norwins comprenait toutes les peines de celle qu'elle appelait sa meilleure amie ; elle ne négligeait ni attention, ni prévenance pour gagner entièrement son cœur et pour obtenir d'elle cette ouverture qui porte un si grand soulagement à celui qui souffre.

Le loyal marin témoignait les mêmes égards et
s'efforçait d'éloigner tout ce qui pouvait raviver ou
entretenir le chagrin de Mme Leynières. On évitait
les réunions, les visites; dans les conversations,
on écartait tous les sujets propres à évoquer de
pénibles souvenirs; dans les promenades, Louise
dirigeait son amie vers des lieux solitaires, ou sous
les voûtes fleuries des bosquets, qui invitaient à
la confiance. Elle l'engageait à s'asseoir sur un
banc de gazon, et lui parlait ce doux langage du
cœur, qui pénètre jusque dans les secrets les plus
pénibles de l'âme. D'autres fois, elle dirigeait ses
pas vers une pauvre chaumière, et lui mettait sous
les yeux le touchant tableau de la résignation
dans la maladie et l'indigence.

Malgré ces affectueuses sollicitudes, Amanda
ne pouvait goûter les avantages que lui offrait la
noble et délicate amitié de ses hôtes. Leurs bons
procédés la faisaient même souvent rougir, et elle
se trouvait malheureuse au sein de tout ce qui
aurait pu faire cesser ses peines.

Si quelquefois, pendant de courts intervalles,
des pensées consolantes apparaissaient à son esprit,
si un léger sourire venait effleurer ses lèvres, elle
ne tardait pas à s'en repentir comme d'une faute,
et cet éclair de bonheur lui pesait comme un
remords.

XVII

Il fallait pourtant que Mme Leynières déchirât
elle-même son pauvre cœur et montrât à ses généreux hôtes tout ce qu'elle avait dû souffrir, tout ce
qu'elle souffrait encore.

« Je n'ai pas épuisé la coupe des douleurs, dit-
elle à ses amis qui la priaient de ne pas se laisser
aller à la tristesse; j'avais espéré que M. Leynières
vous ferait savoir quelle distance il a cru devoir
mettre entre nous, et j'ai le regret de voir que cette
consolation m'est refusée.

— Henri est ingrat, dit M. de Norwins, il a un
mauvais cœur.

— Oh! ne le jugez pas si mal, mon digne pro-
tecteur, reprit Amanda; il a craint votre bonté. Si
vous aviez su quel coin du monde il habitait et que
je fusse venue vous le demander, me l'auriez-vous
caché ?

— Belle demande ! non sans doute.

— Voilà ce qu'il a redouté ; alors...

— Alors c'est un fou, qui se prive lui-même du plus doux plaisir, celui de pardonner à un *repentir* véritable.

— Il ne peut croire à mon repentir. J'ai méprisé ses conseils, j'ai repoussé sa tendresse, j'ai bravé sa colère. Ecoutez, et jugez entre nous. A la mort de ma bonne et sainte belle-mère, j'éprouvai une douleur violente et que je crus inconsolable. Henri espéra aussi que ce coup me serait salutaire, et que je lui donnerais ce bonheur qu'il rêvait depuis si longtemps. La vie retirée que nous menions avait assoupi mon amour des plaisirs et du monde ; quelques visites reçues, que la bienséance prescrivait de rendre, le réveillèrent en moi ; et comme si de nouvelles forces lui eussent été données par ce sommeil d'un moment, il se montra plus puissant, plus tyrannique que jamais. Mon mari me fit de douces représentations ; je répondis par l'ironie et le sarcasme. Il rompit avec toutes les familles que je fréquentais ; je continuais de les voir. Ma vie entière se passait hors de chez moi ; vous le savez, mes amis.

— Oui, dit M. de Norwins, trois fois nous avons été passer huit jours à Saint-Pierre, et nous vous avons possédée en tout sept heures. Ah ! sans ma

Louise, Henri, dès ce moment, aurait fait son coup
d'état.

— Il n'opposa à mes folies qu'une douceur inal-
térable, à mes emportements que des paroles dic-
tées par la raison elle-même. Mais que pouvait la
raison sur un être que la fièvre du plaisir tenait
dans un délire continuel? On m'apprenait à me
raidir contre son autorité, on tournait en dérision
ses vertus, sa bonté, ses croyances; je n'étais que
trop disposée à mettre ces leçons en pratique, à me
ranger du parti des railleurs, et je devins bientôt le
tyran, le mauvais génie du meilleur et du plus
vertueux des hommes. Il y a trois semaines, ma
fille tomba malade; on faisait les vendanges de
Mme Gerval, j'y étais pour huit jours. Henri me
fit prévenir de l'état de Marie; l'idée me vint que
c'était un piège; je la communiquai à Mme Gerval;
elle y applaudit : je restai. Un second, un troisième message me trouvèrent aussi indifférente.
Les vendanges se prolongèrent, et je voulus aller
chez moi pour choisir une nouvelle toilette. Je
trouve Henri et ma fille sous le vestibule. « La
maladie de Marie lui a été favorable, dis-je en
riant à mon mari, elle est grandie et plus jolie
encore. » Un regard d'indignation fut toute la réponse de M. Leynières. J'embrassai ma fille, il
l'arracha de mes bras, et j'éclatai de rire en ren-

trant à la maison. Je retournai sur-le-champ chez Mme Gerval, racontant à tous la scène qui venait de se passer. On applaudit à ma force d'esprit, à la fermeté de mon caractère. On rit beaucoup du *coup d'œil indigné* que j'avais eu soin de peindre comme le résultat de la colère qu'éprouvait Henri d'avoir vu sa ruse découverte ; et moi, pauvre insensée, je riais plus haut que les autres ; j'accablais des traits du ridicule le cœur sensible et bon que je brisais de douleur. »

Une visite annoncée en ce moment vint interrompre le récit de Mme Leynières.

XVIII

« J'étais dans l'enivrement de mon triomphe, reprit Amanda, et ce n'est pas à vous que j'ai besoin de dire si je m'en enorgueillissais. Deux jours s'écoulèrent ainsi. Le troisième, au déjeuner, je vis avec surprise tous les regards fixés sur moi. On se parlait à l'oreille; quelques visages, le plus petit nombre, exprimaient une sorte de pitié, presque tous une insultante raillerie. « La leçon est forte et bien donnée, disait une femme que je ne nommerai pas; mais elle sera perdue. Qu'en pensez-vous? » Puis, les chuchoteries recommençaient; et sans que je comprisse pourquoi, mon sang-froid m'avait abandonnée; un nuage couvrait mes yeux; je tremblais comme un enfant.

» Après le déjeuner, Mme Gerval monta dans ma chambre, et me dit qu'une affaire indispensable l'appelant à Bordeaux, elle se voyait forcée de congédier ses amis. « Je sais combien mon cheval vous est agréable, ajouta-t-elle, je l'ai fait seller pour vous. Marc vous accompagnera. » Je la remerciai avec un amer sourire, et je pris congé d'elle en la priant de me faire apporter mes effets.

» En montant à cheval, je vis des groupes à l'entrée du jardin ; la même femme riait encore en me montrant du doigt. Tous ces gens qui, la veille encore, s'empressaient autour de moi, semblaient m'avoir choisie pour le but où devaient frapper les traits de leur malignité. Je me hâtai de m'éloigner ; la honte et la rage bouillonnaient dans mon cœur.

» Arrivée à la grille de mon jardin, je jetai à Marc la bride du cheval de sa maîtresse et lui fis signe de s'éloigner. Mon geste impérieux le fit sourire, et Joseph venant m'ouvrir la porte où j'avais frappé avec violence, je renouvelai mon ordre au domestique de Mme Gerval, qui y répondit alors par un salut dérisoire.

» Je me rendis à ma chambre, étonnée du silence qui régnait dans la maison. La bonne Marthe était là, triste et silencieuse ; je lui demandai où était M. Leynières. Pour toute réponse, elle me montra une lettre. La voici ; je ne m'en suis pas séparée depuis ce jour funeste :

« Madame,

» Il est dans le cœur de l'homme une mesure

» de patience et d'amour. Je vous avais pardonné
» la mort de ce que j'avais de plus cher ici-bas,
» de mon excellente mère ; je vous pardonne encore
» tous les chagrins que vous m'avez causés. De
» ma douleur, vous vous êtes fait un jeu ; ma ten-
» dresse, vous l'avez dédaignée ; mon honneur, vous
» l'avez compromis en prêtant par votre légèreté
» des armes à la calomnie. Bonheur, repos, espé-
» rance, vous m'avez tout ravi ; je vous pardonne.
» Mais vous avez abandonné votre enfant, vous
» avez ri de ses souffrances ; elle n'est rien à votre
» cœur, pouvez-vous être quelque chose au mien ?
» La maison où vous êtes est à vous ; vos domes-
» tiques seront payés par mon homme d'affaires,
» qui vous donnera trois mille francs par an. Puisse
» Dieu vous accorder le repentir ; c'est mon vœu
» le plus cher ! Je vous ai aimée, tendrement aimée ;
» je pleure encore en m'éloignant de vous !... Je
» joins à cette lettre une boucle des cheveux de
» notre fille ; ce sera pour vous un souvenir !...
» Fasse le Ciel qu'il vous soit salutaire !... Adieu !
» Amanda, adieu ! Ne cherchez pas à découvrir
» ma retraite, je saurai la rendre inaccessible à
» tous. Pour la dernière fois, adieu ! Que le Sei-
» gneur vous bénisse et vous protège.

» HENRI LEYNIÈRES. »

» Vous dire ce que j'éprouvai à la lecture de cette lettre, me serait impossible. Toutes mes passions se révoltèrent, et le combat fut affreux. Enfin la douleur l'emporta; vous savez le reste.... Merci, cœurs généreux, qui m'avez arrachée à la mort, à la honte, au mépris, en me couvrant de votre bonne protection. Je vous avais cruellement offensés, et c'est vous qui m'avez tendu la main. Achevez maintenant votre œuvre, et conduisez-moi dans la route où vous marchez, pour que la fin au moins soit bonne et sanctifiée par le repentir et la vertu.

— Du courage, chère Amanda, dit Louise en embrassant son amie; M. Leynières vous aime encore.

— Et, Dieu aidant, je le retrouverai, dit le bon marin en essuyant furtivement une larme, quand je devrais encore courir le monde. Du courage, mon enfant, nous aurons les beaux jours que notre fou de Henri rêvait. »

Amanda ne le croyait pas; mais elle sourit à ses amis, comme si son cœur eût été plein d'espérance.

XIX

L'amitié, ce doux présent du Ciel, versait de douces consolations dans le cœur brisé d'Amanda, et son front décoloré se relevait un peu. Mais à de pareilles blessures, il fallait un baume encore plus salutaire. A cette âme dévorée par l'incrédulité, la honte et le remords, il fallait la foi, le repentir et la paix de la pénitence.

Mme Leynières le sentait, et déjà même elle le confessait hautement ; tout ce qui lui était arrivé de pénible, de funeste, avait été produit par des êtres sans religion, sans principes. Au contraire, ses heures de bonheur, de joie, elle les devait aux âmes qu'éclairait la loi de Dieu, qu'embellissaient les plus douces vertus. Elle se rappelait la touchante résignation de sa belle-mère, sa longue patience, le pieux mystère dont elle voilait ses peines, cette admirable charité qui, pour tous les

torts d'Amanda, ne trouvait qu'excuse ou pardon.
« Oh! s'écriait-elle, veillez sur moi, ma mère,
priez pour moi du haut des cieux, et demandez à
Dieu que je vous imite comme je vous admire. »

Et son mari? Que de fois il avait voulu faire
descendre dans son âme la lumière d'en haut !
Avec quelle douceur il lui avait toujours pardonné !
Comme il l'aimait et quelle tendre pitié dans ses
regards ! « C'est à la religion, se disait Amanda,
c'est à son empire sur le cœur de Henri que j'ai
dû les jours heureux qu'il me donnait et que je
payais par une si cruelle ingratitude. Mon Dieu,
je veux être à vous, comme sa tendre mère, comme
lui, et si je dois mourir sans le revoir, vous permettrez qu'il sache qu'un jour vint où je vous
aimai, et alors il donnera quelques larmes à mon
souvenir. »

Puis elle pensait à Marthe, à cette femme d'une
si humble condition, si grande sous les coups du
malheur, si résignée à la perte de ce qu'elle
aimait, si généreuse à pardonner à celle qui avait
vu de sang-froid souffrir l'enfant dont elle pleurait
la mort; et Amanda se trouvait petite, basse de
cœur, sans force et sans courage, à côté de la
pauvre paysanne éclairée et soutenue par la foi.

Enfin la touchante union qui régnait entre M. et
Mme de Norwins, leur générosité à son égard,

le charitable empressement qui les avait conduits vers elle quand tous l'abandonnaient, cet oubli de ses torts, cette amitié franche et vraie, tout cela était l'ouvrage de la religion qui inspirait et sanctifiait tant de vertus et de sacrifices. L'âme de Mme Leynières était naturellement grande; il lui sembla beau d'entrer dans cette voie nouvelle, que jusqu'alors elle avait ignorée. Pour y parvenir, elle se fit enfant, et abaissant sa raison orgueilleuse sous la main qui l'avait frappée, elle apprit en toute humilité les premiers enseignements de la foi, le catéchisme.

Ah! disait-elle plus tard à ses amis, si vous saviez quelle douce joie pénétrait dans mon âme avec ces divines et simples lumières de la révélation catholique! Dieu, avec toutes ses perfections, se faisait sentir à mon cœur. La nature, livre muet jusqu'à ce jour, se montrait pleine de charmes. L'azur du ciel, la limpidité de l'eau, la fraîche verdure des arbres, le parfum des fleurs, tous ces objets créés par Dieu pour l'homme, pour moi, pauvre créature tirée du néant par la volonté de l'Etre infini, me semblaient empreints de son image. Dieu, pensant à moi de toute éternité, et moi, destinée à l'aimer dans un espace de siècles sans fin, me revoltant contre ses desseins en l'outrageant par le péché! Dieu, veillant sur moi, éloignant de moi les dangers et la mort! tout puissant n'écrasant pas l'insecte, l'atome qui payait ses bienfaits par des offenses! Toutes ces pensées, naissant de la connaissance de Dieu, pénétraient mon cœur de sentiments à la fois si amers et si doux, qu'il n'est point de langage pour les exprimer.

» Puis, lorsque les grandes vérités du christianisme apparurent à mon âme; lorsque je me représentai tout ce qu'un Dieu souffrit pour expier les crimes des hommes; lorsque je vis ce divin Rédempteur abreuvé d'outrages et moi si avide de louanges, couvert de plaies, et moi si empressée pour toute espèce de jouissances; lorsque je pensai à la crèche, à la croix, à mon goût des plaisirs, des parures, des fêtes, des joies du monde, j'entrai dans des sentiments si vifs de componction et de reconnaissance, que mon cœur semblait se briser. »

La connaissance de Dieu conduit directement à l'amour. Quand la religion eut éclairé l'esprit de Mᵐᵉ Leynières, son cœur brûla bientôt, pour son souverain Maître, de ces flammes sacrées qui rendent capables des plus sublimes vertus les âmes qu'elles embrasent. Jalouse de réparer les années perdues, Amanda eût volontiers désiré le martyre pour prouver à Dieu son amour, et de tous ses torts, de toutes ses douleurs, elle faisait un holo-

causte que chaque jour elle offrait au Dieu des
miséricordes pour en obtenir le pardon de ses
erreurs.

L'absence de Henri, l'inutilité des recherches
de M. de Norwins, l'idée que sa fille peut-être la
maudissait, tout cela, pour l'âme ardente d'A-
manda, était un supplice de tous les instants ;
mais la pensée de Dieu, comme une douce consolation, venait se mêler à ces tristes souvenirs, et,
résignée, Mme Leynières osait à peine demander
la fin de ses maux.

X X

Le temps qu'Amanda dissipait naguère comme un bien qui lui appartenait, ne lui semblait plus, depuis sa conversion, qu'un trésor précieux qu'elle pouvait employer à obtenir une vie meilleure et plus durable que celle où elle avait tant souffert.

Toutes ses heures étaient réglées, et l'oisiveté n'avait pas une seconde dans ce partage. La prière, le travail, la visite des pauvres et des malades prenaient la meilleure partie de sa journée. Les bonnes œuvres de Mme de Norwins étaient devenues aussi les siennes, et comme elle, Amanda recueillait partout sur son passage les bénédictions des malheureux qui les confondaient dans leur reconnaissance.

Deux ans s'étaient écoulés depuis que M. Leynières avait quitté Amanda.

Au jour anniversaire de ce triste événement, réconciliée avec Dieu par la pénitence, soutenue par

le Pain des forts, Mme Leynières prit la résolution
de confier au papier tous ses sentiments, toutes
ses pensées. « Peut-être un jour, se disait-elle,
Henri et ma fille verront ces lignes tracées par
une main qui leur fut si chère ; ils me rendront leur
amour, et si je cesse de vivre, au moins ils
honoreront ma mémoire et me trouveront digne de
leurs regrets. »

« Mon journal.   26 octobre, 18...

Il y a deux ans!... Mon cœur se brise à cette
pensée ! Juste châtiment de l'oubli de mes devoirs !
J'étais épouse, et je vivais loin de celui auquel
j'avais juré de consacrer ma vie. Condamné à la
solitude, à l'abandon, il ne se plaignait pas. Si
de douces remontrances, de tendres reproches lui
échappaient parfois, son accent était plein de
compassion et de bonté. Moi, dans mon fol orgueil,
je souriais avec dédain, je portais haut la tête, et
lui demandais fièrement si j'étais son esclave. Ah !
pardon, Seigneur, pardon ! Et vous aussi, Henri,
grâce et pitié, j'ai tant souffert !

» Et toi, ma fille, quels reproches mon cœur
me fait de mon indifférence envers toi. Je laissais
ton enfance à des mains étrangères. Un autre que
moi recueillait tes larmes, ton sourire, tes caresses. Un autre veillait près du lit de tes douleurs,

te prodiguait les soins que te devait mon amour. Pardonne, toi aussi, car loin de toi j'ai tant souffert!

» Quels maux peut-elle donc produire, la funeste ignorance de Dieu et des devoirs que te prescrit sa loi! J'étais moi-même la divinité que j'adorais; tout ce qui m'entourait n'était rien, ou plutôt, tous ceux que je devais aimer ne me semblaient que des victimes destinées à se voir immoler aux pieds de l'idole. Que m'importait tout ce qui n'était pas moi? Mon plaisir, ma gloire, l'encens des louanges, paraître, briller, tout éclipser autour de moi : c'était là mon bonheur, mon amour, ma vie.

» Oh! que je suis plus heureuse aujourd'hui, avec ma solitude, ma douleur et mon repentir! Je connais Dieu, sa grandeur, sa bonté, ses miséricordes. Je le révère comme l'auteur de mon être, mon principe et ma fin. Je crois à sa puissance, à son éternité; j'espère en sa clémence, et tous les jours, en lui offrant les angoisses de mon cœur comme expiation du passé, je lui demande pour l'avenir sa grâce, mon pardon, et, ne fût-ce que pour une heure, l'ancien amour de Henri, avec un baiser de ma fille. »

« 1er novembre.

» Marthe est souffrante; elle a passé une nuit très agitée. En revenant de la messe, elle s'est trouvée plus mal. Mon Dieu ! c'est elle qui la première a osé me parler de vous. Est-ce encore un châtiment que votre justice me prépare ! Elle me parlait de mon mari, de ma fille ; elle me disait d'espérer... Voulez-vous que cette consolation me soit ôtée ! »

« 2 novembre.

» Le ciel est triste ; la cloche du village appelle les chrétiens vivants à la prière pour les morts !... La neige couvre le sentier qui conduit à la vieille église ; les branches des arbres se brisent sous l'effort des vents, et je suis seule dans le vieux château , près du lit de Marthe mourante...

» Ce matin, le Dieu des forts est venu la visiter... Touchant spectacle ! l'Auteur de la vie se donnant à celle que va terrasser la mort, en lui apportant le gage de son éternelle résurrection ! Quelle paix, quelle joie sur ce front déjà pâle et glacé ! comme il rayonnait de gloire et d'espérance ! Une fois déjà ce tableau fut offert à mes regards ; je l'oubliai... Mais, ô mon Dieu, maintenant ma mémoire sera fidèle...

» Marthe m'appelait, et d'une main défaillante elle m'a montré un petit coffre de bois noir que j'ai apporté sur son lit. Elle y a pris un papier soigneusement cacheté, et faisant un effort pour se soulever. « Ma bonne maîtresse, m'a-t-elle dit, prenez-le...

mais promettez-moi de ne l'ouvrir que dans un an, le 25 octobre. C'est un serment sacré qui me lie... Voulez-vous? — Je vous le promets, ma chère Marthe, » lui ai-je dit en l'embrassant. Elle a souri, m'a montré le ciel et s'est endormie de nouveau.

» Quel peut être ce papier? Est-ce moi, est-ce Marthe qu'il concerne? Dans un an, le 25 octobre! N'importe, je l'ai promis, promis à une mourante: je tiendrai ma parole!... Marthe m'appelle encore... elle nomme son mari ses enfants... Pauvre mère! le nom de Henri, celui de Marie, de ma fille! Elle prie... Mon Dieu, sa respiration devient plus précipitée, sa voix plus faible... J'ai peur!...

» Quelqu'un vient... c'est Louise. Elle n'a entendu qu'une messe basse pour revenir près de la malade. Ah! le chrétien qui connaît bien Dieu quitte l'autel pour le prochain... Marthe est plus calme, elle semble mieux... elle sourit.

» Elle accueillait avec courage l'ange de la mort; ses yeux se sont ouverts, elle les a doucement arrêtés sur nous. Une de ses mains a pressé la mienne, l'autre s'est posée dans celle de Louise,.. elles sont froides toutes deux! Elle parle... Jésus... Marie!... Ses lèvres ne prononceront plus d'autre nom. Une amie de moins sur la terre! O mon Dieu, soutenez mon courage, pour que j'adore ici votre justice et votre volonté. »

XXI

» La mort de ma bonne Marthe m'a profondément affligée, il m'a semblé que j'étais encore une fois abandonnée de tout ce que j'aimais. Les pauvres du pays pleuraient tous au convoi de cette sainte fille ; c'étaient le nom qu'ils lui donnaient. Sans parents, sans famille, Marthe avait adopté pour les siens les infortunés qui l'entouraient ; toutes ses épargnes passaient entre leurs mains, et Dieu, notre bon curé et les malheureux qu'elle soulageait savaient seuls les ingénieuses ressources que lui fournissait sa charité.

» J'ai fait mettre une croix de pierre sur l'endroit où repose la dépouille mortelle de ma pauvre Marthe ; on y a gravé ces mots :

†

CONNAITRE DIEU,
L'AIMER ET LE SERVIR,
CE FUT TOUTE SA SCIENCE.

» L'incrédule, s'il passe auprès de ce simple monument, sourira sans doute de pitié ; mais le pauvre y fera sa prière ; il dira : « Celle qui repose ici aima les malheureux et leur fit du bien. »

» Mon Dieu, que je vous bénis de m'avoir révélé les mystères ineffables cachés au sein de la religion ! Avec elle, les douleurs sont un bien, et la mort, si redoutable, si triste, un sommeil de quelques instants, une séparation de quelques jours, après laquelle, réunis en vous, les amis que vous bénissez ne se quitteront jamais. »

« 18 novembre.

» Il y a longtemps que je n'ai pu venir dans ma petite retraite. Mme Dourville, une amie de Louise, a passé douze jours à Kerbon. Elle est partie, mais le petit ange qui l'accompagnait reste avec nous pour six mois. Chère Stéphanie, comme je l'aime déjà ! Qu'ils me semblent doux les soins que je lui donne ! O mon Dieu, si je vous avais connu, c'est ainsi que j'aurais aimé ma fille. Je demanderai à Louise qu'elle me laisse cette douce enfant. Elle a

sa fille, elle ; moi, je rêverai que je suis mère...
Rêver, c'est encore du bonheur ! »

« 20 novembre.

» Mme de Norwins m'a confié Stéphanie, et je
fais l'apprentissage des devoirs que j'aurais dû
remplir. Que n'étais-je chrétienne, O mon Dieu !
Louise, partagée entre son époux et sa fille, me
dévoile toute la grandeur, toute la sublimité de ces
deux titres trop peu connus : épouse et mère ! Oh !
si jamais il m'était donné... Mais non... c'est une
folle espérance !...

» Henri ne pense plus à moi ; peut-être il ap-
prend à ma fille à oublier, à mépriser... Affreuse
pensée ! Je ne puis le croire pourtant ; car il est
chrétien, lui, et la haine ne peut pénétrer dans
un cœur où règne la loi de Jésus-Christ.

» Pourquoi donc cet abandon cruel ! Un mot,
un souvenir de lui me serait si doux !

» Quel coin du monde habitent les deux êtres
que j'ai forcés à me fuir ? Qui leur prodigue maintenant les soins que je devais leur donner ? Ces
pensées, ces souvenirs bouleversent et déchirent
mon cœur ; ils me troublent jusque dans la prière,
ils me poursuivent durant mon sommeil. Mon
Dieu, pardonnez mes erreurs et daignez avoir pitié
de moi.

» Je croyais pouvoir donner à Stéphanie quelques leçons de religion, et, âgée à peine de sept ans, elle est plus instruite que moi sur ces matières sacrées. C'est son père qui lui a fait connaître Dieu. A quatre ans, elle n'avait plus de mère. L'excellente Mme Dourville a continué cette œuvre, et ma chère petite aveugle a profité merveilleusement de leurs leçons.

» Il n'y a que deux ans qu'elle est privée de la vue, et tout ce qu'elle regrette, c'est de ne plus voir le ciel, les fleurs et les cérémonies de l'Eglise. « Mais, lui disais-je hier, il vous sera bien pénible de ne plus contempler les traits de votre père, que vous paraissez aimer tendrement? — Oh! oui, m'a-t-elle répondu avec un profond soupir. Mais quand mon pauvre père reviendra de Saint-Pétersbourg, il aura bien plus de chagrin encore en me retrouvant aveugle. — Est-ce qu'il ignore le malheur qui vous a frappée? — J'ai bien prié Mme Dourville de le lui cacher. A quoi bon lui faire cette peine? Elle lui a écrit seulement que j'avais toujours bien mal aux yeux. Pauvre petit père, il demande que je lui écrive quelques mots; il me croit bien paresseuse, peut-être ingrate; mais quand il saura la vérité, il me pardonnera, et d'ici là il n'aura pas le chagrin de me savoir malheureuse; car, être aveugle, c'est un grand malheur.

Mais puisque le bon Dieu l'a voulu, je ne dois pas me plaindre. »

» Pourtant quelques larmes coulaient sur les joues de l'enfant, malgré son aimable résignation. Elle s'est jetée dans mes bras, et avec un accent que je ne saurais rendre, « Voulez-vous être ma petite maman? m'a-t-elle dit; il me semble que je vous aime de tout mon cœur. — Chère enfant, lui ai-je répondu, oui, je serai ta mère. Et moi aussi j'ai....» Mon secret allait m'échapper, j'allais parler de ma fille, dire à cette pauvre petite toutes mes douleurs et tous mes remords. Elle ne pourrait plus m'aimer, si elle savait combien je fus mauvaise mère.... « J'aimerai à te nommer ma fille, » me suis-je hâtée d'ajouter.

» Elle m'a embrassée avec l'expression d'une vive joie. « Je suis heureuse maintenant, m'a-t-elle dit. Que papa revienne en France, qu'il se fixe à Kerbon, et je ne désirerai plus rien. »

» Pauvre enfant! et dans six mois il faudra nous quitter! Je regrette presque de l'avoir vue. »

XXII

« Suite de mon journal, 25 novembre.

» Depuis que Stéphanie m'a donné le nom de mère, mon cœur est plein d'une douleur que j'ai peine à supporter. Ma fille! c'est toi qui devrais me nommer ainsi! toi qui chaque matin, comme elle, devrais recevoir mon premier baiser; le soir, ma bénédiction et ma dernière caresse! O mon Dieu, comme votre religion sainte fait aimer et et sentir! Depuis que je vous connais, que je vous aime, que je vous sers, mon âme s'est dilatée. Henri m'est devenu plus cher, ma fille plus précieuse; je chéris tout ce qui m'entoure; les devoirs de la charité, ceux moins aimables qu'imposent les bienséances me semblent des plaisirs, et jusqu'à mes remords, me sont doux, parce qu'ils viennent de vous, Seigneur, et qu'ils me conduisent à vous, ma seule espérance, mon unique appui.

» Nous avons eu ici toutes les petites filles du village. Louise leur a donné une fête dont nous avons fait les honneurs. Stéphanie a déployé une grâce charmante et s'est fait des amies de toutes les invitées. M. le recteur, qui présidait la fête, et qui guérit à la fois les infirmités de l'âme et celles du corps, conçoit quelque espoir de remédier à la cécité de notre chère enfant. Comme son père serait heureux! »

« 29 novembre.

» Le traitement a commencé. Tout le monde est en prières, et M. le recteur à de grandes espérances. Sa bonté est infatigable comme son zèle. C'est lui qui soutient mon courage qui s'épuise. Il seconde M. de Norwins dans toutes ses recherches sur mon mari ; en son cœur compatissant, tous les infortunés trouvent un refuge, tous les affligés des consolations. Il a fait bien des ingrats, mais il ne se sert point du prétexte de l'ingratitude pour ne plus secourir les malheureux. C'est l'image de Dieu sur la terre.

» Il est si doux de faire du bien! Quand je ne connaissais pas Dieu, j'étais fatigué du plaisir, et je jetais dans les gouffres qu'il creuse des sommes incalculables. A présent, mon modeste revenu semble se multiplier; je donne et j'ai toujours de

quoi donner, sans que ce bonheur me lasse jamais. O mon Dieu, le seul plaisir, le seul bonheur,
c'est de vous connaître, de vous servir ! »

« 18 décembre.

» Je ne quitte plus ma petite fille que le traitement rend fort malade. Je la rendrai peut-être
moi-même à son père; il doit venir en France dans
trois mois, et M^{mo} Dourville nous la laissera
jusqu'à cette époque. Quelle douce joie si mes
soins, aidant la science du pieux docteur, rendaient
la vue à cet enfant !

» Louise entre dans ma chambre. Un étranger
s'est présenté à Saint-Pierre; il a fait des questions sur moi.... Une jeune fille l'accompagnait....
Mon Dieu, je pars à Saint-Pierre. Si c'était
lui... si c'était Marie !

» Stéphanie a beaucoup pleuré quand je lui ai
annoncé mon départ; il m'en coûte de la quitter,
je ne pouvais m'arracher d'auprès d'elle.... Les
chevaux, la chaise.... M. de Norwins est prêt.... O
mon Dieu ! aurais-je assez expié mes erreurs?...»

XXIII

Mme Leynières prit à peine le temps d'embrasser
son amie lorsqu'elle lui eut annoncé la nouvelle
consignée dans la dernière page de son journal.
Pour répondre à son impatience, M. de Norwins
avait fait atteler sa chaise, qui devait les conduire
au prochain relais, et tous deux étaient montés
en voiture avec cette anxiété de l'espérance qu'on
pourrait appeler l'agonie du cœur.

Les chemins étaient mauvais, la neige obstruait
la route, et un soleil pâle versait sur la nature en
deuil une lueur défaillante. Amanda regardait sans
voir les objets qui l'environnaient. A mesure
qu'elle s'éloignait de Kerbon, son cœur devenait
plus serré. Le baron voulait la distraire, et ne par-
venait qu'avec peine à rassembler quelques phrases
sans suite, qui souvent n'obtenaient de Mme Leynières aucune réponse. Pour tous deux, le temps

était également long, et le but qu'ils souhaitaient d'atteindre semblait à tous deux s'enfuir à mesure qu'ils s'en approchaient.

Enfin, après deux jours de route, la jolie maison de Saint-Pierre s'offre aux regards d'Amanda. Quelles pensées l'agitent en ce moment! Mme Leynières sent ses forces l'abandonner ; elle prie, elle cherche un refuge dans le sein de Dieu, et Dieu ne lui manque pas.

La chaise s'arrête à la porte de cette maison inhabitée, et de toutes les chaumières qui se groupent non loin d'elle, sortent des paysans que le bruit attire. Ils accourent et cherchent à reconnaître la dame qui sonne à la grille. Amanda les salue de la main, elle parle à plusieurs d'une voix tremblante, mais elle ne rencontre aucune sympathie sur ces visages francs et ouverts. « Quels souvevenirs j'ai laissés ici ! » se dit-elle; et ses larmes coulent en abondance.

Joseph, le jardinier, s'empresse au bruit répété de la sonnette, et laisse échapper un cri de surprise en apercevant Mme Leynières.

« Mon bon Joseph, dit Amanda en lui tendant la main, était-ce lui ?

— Qui, lui, Madame? demanda Joseph en refermant la grille.

—Mon mari, M. Leynières!

« — Mon Dieu, Madame, non, ce n'était pas lui... Si fait, oui, c'était lui, » s'écria le pauvre jardinier en voyant Amanda tomber sans connaissance dans les bras de M. de Norwins.

Et au regard interrogateur du baron, il fit un signe pour recommander le mystère.

M. de Norwins et Joseph transportèrent Mme Leynières dans l'habitation de ce dernier, où sa femme lui prodigua les plus tendres soins.

Le baron, profitant de l'évanouissement d'Amanda, emmena vivement Joseph dans le jardin. « Parle, lui dit-il, parle. Cet homme, qui vint dernièrement prendre des renseignements sur Mme Leynières, était-ce Henri, ton maître?

— O mon bon Monsieur, dit le pauvre Joseph, il me serait bien difficile de vous le dire. Si c'est lui... si ce n'est pas lui...

— Que t'a-t-il dit?

— Bien des choses... si on avait reçu à la maison des lettres de M. Leynières... Que pouvais-je répondre?... Oui... non... Peut-être...

— Grâce de tes commentaires ; après.

— Si Madame était restée longtemps ici? Je lui ai dit trois jours? — Qui l'avait emmenée? — M. de Norwins. — Si elle était revenue? — Non. — Si elle gardait un commerce de lettres avec les personnes du pays? — Non... Monsieur veut-il faire connaître son nom ? — Inutile... Vois-tu Mme Leynières ? — Deux fois par an, quand je lui porte les redevances. — Est-elle bien changée ? — Oui, elle est vieillie de vingt ans. — Je reviendrai, m'a-t-il dit. — Quand vous voudrez, monsieur... Alors, j'ai écrit chez vous, monsieur, parce que j'ai eu dans mon idée que c'était peut-être mon pauvre maître qui était fou de chagrin ; ce serait bien possible, avec une femme comme....

— Silence, Joseph ; votre maîtresse mérite tout notre respect.

— C'est vrai qu'elle est bien changée, de manières autant que de visage.

— Cet étranger avait une petite fille avec lui ?

— Oui, M. le baron, une belle jeune fille de quinze à seize ans, qui se promenait là dans l'allée pendant qu'il me parlait ; et puis, à Tours, il avait laissé un beau et grand jeune homme du même âge.

— Tu as été à Tours le voir ?

— Ah ! il m'avait demandé des oignons de tulipes, voilà pourquoi.

— Où loge-t-il à Tours ?

— A l'*Ecu d'or*. C'est-à-dire qu'il y logeait : il devait partir hier avec ses deux enfants.

— C'étaient....

— Oui, M. le baron, deux belles créatures, allez. »

M. de Norwins secoua tristement la tête et, rentra dans la maison, où il trouva Mme Leynières à peine revenue à elle-même.

« Du courage, ma pauvre amie, lui dit le bon marin en s'asseyant près d'elle.

— Ce n'est pas lui, n'est-ce pas? dit Amanda avec désespoir.

— Non; mais nous pouvons savoir à Tours ce qu'est devenu ce questionneur mystérieux, et en quelque lieu qu'il habite, j'irai lui demander compte de son voyage à Saint-Pierre.

— Et par lui nous pourrons savoir ce qu'est devenu mon mari?

— Je l'espère.

— Oh! partons, mon ami, partons. »

Et Mme Leynières, après avoir remercié Joseph et sa femme, entraîna M. de Norwins avec toute la vivacité de l'impatience.

« Quelle drôle de dame! murmura Joseph tandis que sa femme accompagnait Mme Leynières; quand elle avait son mari, elle ne pouvait pas rester deux heures avec lui; maintenant qu'elle ne l'a plus, elle courrait le chercher au bout du monde! »

Ce mystère aurait cessé d'en être un pour le bon Joseph s'il avait su que chez Amanda la religion avait pris la place de l'incrédulité, et que le remords régnait où commandait en tyran l'amour du plaisir.

XXIV

En arrivant à Tours, M. de Norwins prit sur le voyageur tous les renseignements que quarante-huit heures de son séjour à l'*Ecu d'or* permettaient à l'hôtesse de donner au baron. L'étranger paraissait avoir cinquante ans. Il se nommait le comte Ubaldi, venait de Florence, et voyageant avec ses chevaux, il n'avait rien dit qui pût faire pressentir l'itinéraire de son voyage ni le lieu où il devait se fixer.

Un espoir déçu est de tous les coups qui frappent le cœur celui qui le blesse le plus profondément. Amanda était presque venue joyeuse : l'aveu de ses torts, les justes préventions de son mari à combattre, sa colère à désarmer, tout cela n'était rien pour elle, elle n'y pensait même pas. Déjà son imagination se repaissait de riantes chimères ; Henri pardonnait, aimait comme autrefois. Sa fille, habituée par lui à respecter sa mère, la serrait dans

ses bras et rayonnait de bonheur. Tout était éva-
noui : Mme Leynières s'en retournait consternée.

Les consolations de l'amitié, la tendresse de Stéphanie, il faut le dire, la voix même de la religion
ne purent guérir le cœur d'Amanda à son retour à
Kerbon. Elle avait senti se rouvrir toutes les plaies
de son âme. Ce long abandon blessait son orgueil,
ces informations prises par un étranger révoltaient
sa fierté que l'humilité chrétienne n'avait pu abattre
encore, et, Henri, privant une mère de son enfant,
laissant son épouse sous le poids du mépris, lui
paraissait avoir éteint toute tendresse à son égard.

Tant de combats finirent par épuiser les forces
de Mme Leynières, déjà minées par le chagrin ; une
cruelle maladie la réduisit à l'extrémité. Dieu, qui
n'avait voulu que l'éprouver et non la perdre, ne
permit pas qu'elle l'oubliât aux portes de l'éternité.
Sa foi se ranima plus vive et plus pure. Elle comprit une fois encore qu'elle seule avait causé tous
ses malheurs, et offrit de nouveau à son Dieu,
avec le sacrifice de sa vie, ses remords et l'ac-
ceptation de toutes ses douleurs.

Elle voulut employer le peu de forces qui lui
restait à témoigner aux seuls êtres qu'elle aimât
dans le monde et ses regrets et son affection. Plus
d'une fois elle s'interrompit en écrivant cette dernière lettre à son mari, en pensant qu'elle ne lui

parviendrait sans doute pas ; puis, reprenant courage, elle traçait encore quelques mots où se peignait toute son âme.

Une joie lui fut encore donnée, Stéphanie recouvra la vue ; et, en contemplant ses beaux yeux noirs que l'enfant fixait sur elle avec tendresse et douleur, Amanda sentait de quel bonheur elle s'était privée, donnait un regret à sa fille et bénissait Dieu d'avoir rendu la lumière à l'enfant de son adoption.

Louise ne quittait pas le chevet de son amie et ranimait son courage par les plus douces exhortations. Le Dieu des infirmes et des affligés vint consoler et fortifier la pauvre malade. Le médecin n'avait plus d'espoir, et pourtant rien n'annonçait la mort. C'était une longue et pénible agonie qui, peu à peu, minait les sources de la vie dans un être qui n'avait plus de force pour souffrir.

Une lettre de Mme Dourville vint verser une goutte d'amertume de plus dans le calice qu'épuisait Amanda. Le père de Stéphanie était à Paris ; il la demandait, et une personne de confiance venait de sa part chercher l'enfant. Ainsi la main de Dieu dispense à ses élus tour à tour la croix et la grâce, la joie et la douleur ; mais pour l'âme qui touche au ciel, rien n'est plus impossible. Amanda triompha de la nature par la foi, et sourit à la joie naïve de Stéphanie, bien qu'elle brisât son cœur.

Pourtant le vide que cette enfant laissait autour de Mme Leynières était immense. Son regard la cherchait involontairement ; sa voix à chaque instant était prête à l'appeler, et Mme de Norwins, qui devinait le cœur d'Amanda, résolut d'écrire à Mme Dourville, pour la prier d'engager le père de Stéphanie à la laisser revenir auprès de sa chère malade, afin d'adoucir ses derniers moments.

XXV

Cinq jours après le départ de Stéphanie, Mme de Norwins, cédant à la fatigue, avait quitté la chambre de son amie pour prendre quelques heures de repos. En revenant dans l'appartement d'Amanda, elle fut au comble de la surprise en la trouvant levée, à genoux sur son prie-Dieu, et le visage rayonnant de bonheur.

« Ma chère Louise, lui dit la malade en lui tendant des papiers, lisez, et dites-moi si je ne suis pas heureuse. »

Inquiète, Mme de Norwins fait asseoir Amanda dans un fauteuil, et d'un regard rapide parcourt la lettre qui vient de lui être présentée.

« Relisez-la-moi une fois encore, mon amie, » dit Amanda d'une voix faible.

Mme de Norwins obéit, en jetant à chaque instant un regard sur la malade.

« La barrière qui s'élève entre nous ne doit
» être éternelle que selon votre volonté. Si vous
» regrettez le passé, mon Amanda, venez à Tours,
» je vous attends dans la cathédrale, aux pieds de
» Marie, le secours des chrétiens.

» Si vous ne me pardonnez pas l'épreuve que
» j'aurai fait subir à votre cœur, dites-moi ce que
» je dois faire pour conquérir ce cœur qui m'est
» toujours cher, et auquel le mien est attaché par
» des liens indissolubles.

» Adieu.... Mon sort est entre vos mains.

H. LEYNIÈRES.

» 26 octobre. .. »

« Vous voyez, dit Amanda en montrant joyeu-
sement cette lettre, j'irai à Tours.

— Comment ces papiers sont-ils entre vos
mains ? demanda Mme de Norwins désirant prolonger la douce illusion d'Amanda.

— Henri les avait confiés à la bonne Marthe,
qui me les remit avant de mourir. Je lui avais
promis de ne les ouvrir que le 25 octobre de cette
année ; mais me voyant si mal.... C'est vrai, ma
chère Louise, en lisant cette lettre, j'avais oublié
que je vais mourir. Mais, au moins, Henri saura
que je meurs digne de lui ; vous lui porterez ma

lettre vous-même, n'est-ce pas, ma chère Louise, vous lui direz toutes les grâces que Dieu m'a faites. Je révèle à mon mari tout mon cœur, tout le vôtre, Louise ; je lui apprends que, dévorée par la jalousie, par un envieux orgueil, j'ai tâché de faire manquer votre mariage en écrivant contre vous d'odieuses calomnies.

— Chère Amanda !... s'écria Louise.

— Non, non, il fallait qu'il le sût, qu'il apprît votre générosité, à vous, instruite de tout et me recueillant dans mon abandon... pour être tranquille sur les soins dont je fut entourée.... Ah ! Louise, si Dieu voulait me donner encore six mois de vie....

— Espérons et prions, mon amie.

— Oui, l'espérance et la prière, c'est la vie du chrétien, c'est la vie de l'âme pécheresse. »

Mme de Norwins exigea qu'Amanda se remît au lit, et la voyant s'endormir d'un sommeil calme et tranquille, elle appela la garde et fut tout raconter au baron.

L'excellent marin, qui depuis deux ans et demi n'avait cessé de murmurer contre M. Leynières, ne l'épargna pas en apprenant ce qu'il appelait sa nouvelle sottise. Louise n'essaya pas de justifier leur ami commun ; elle savait qu'elle y épuiserait vainement son éloquence.

M. de Norwins se promenait de long en large dans l'appartement, haussant les épaules, murmurant entre ses dents quelques épithètes trop énergiques, en prononçant d'autres à haute voix, et donnant ainsi à Louise le temps de préparer une défense pour le moment opportun.

Tout à coup il s'arrête près d'une croisée, met sa main au-dessus des yeux, et s'écrie : « Louise, viens donc voir, n'est-ce pas que c'est Stéphanie?

— Impossible, mon ami, j'ai écrit seulement hier à Mme Dourville, » dit Mme de Norwins en s'approchant de la fenêtre.

C'était pourtant bien l'aimable enfant, et Louise la reconnut à son tour, courant dans les allées du jardin et prenant le chemin le plus court pour arriver au château.

« Décidément, dit Mme de Norwins, c'est aujourd'hui pour Amanda un jour de bonheur.

— C'est-à-dire que le bonheur arrive maintenant, murmura le baron, car si tu appelles ainsi la lettre de M. Leynières....

— Vous connaissez papa? » s'écria Stéphanie qui entrait en ce moment, et resta près de la porte, immobile et surprise.

« Ton père!... s'écrièrent à la fois M. et Mme de Norwins.

— Mais, oui, papa; c'est son vrai nom, qu'il

avait quitté depuis près de trois ans et qu'il a
repris depuis trois jours.

— Il t'envoie près de nous? dit Louise.

— Il m'accompagne. Nous sommes venus en
poste, et il m'a dit de venir l'annoncer; il m'attend près de la petite porte du parc.

— Et qu'avait-il besoin qu'on l'annonçât?
s'écria M. de Norwins d'une voix tremblante;
cours le chercher, mon enfant, cours vite! »

Et tandis que Stéphanie s'empressait d'obéir,
le baron, tremblant d'émotion, disait à Louise en
lui tendant la main : « Tu avais raison, c'est un
jour de bonheur!... »

XXVI

Henri Leynières, conduit par la douce enfant tant aimée à Kerbon, montait rapidement le premier étage des appartements du château, quand tout à coup il se sentit pressé dans les bras de son vieil ami. Henri redoutait un peu la colère de M. de Norwins, il sentait que cet homme, aussi loyal que généreux, blâmerait sa conduite envers Amanda; il craignait ses reproches, son maintien froid, son regard sévère; aussi éprouva-t-il une douce joie quand M. de Norwins lui dit en l'embrassant : « Méchant! quel chagrin tu nous as causé!... »

Henri ne put répondre, son cœur était trop plein. Il suivit M. de Norwins dans la bibliothèque, où Louise les attendait. Après les premiers épanchements, elle quitta les deux amis pour aller préparer Amanda au bonheur que Dieu lui envoyait.

Elle trouva sa chère malade beaucoup mieux qu'elle n'osait l'espérer. Une lueur de joie est à l'âme flétrie ce qu'est à la nature le rayon d'un soleil de printemps, et en retrouvant un sourire sur les lèvres de Mme Leynières, Louise bénit Dieu de cette faveur comme elle l'eût fait d'un miracle.

« Ma chère Amanda, lui dit-elle gaîment, vous êtes l'enfant gâtée de la Providence. Un bonheur, on le dit, ne vient jamais seul; et à celui de ce matin, Dieu en joint un autre non moins grand pour votre cœur : Stéphanie va revenir.

— Vous voulez me tromper, Louise; il y a cinq jours seulement qu'elle est partie.

— C'est vrai; mais triste de vous avoir quittée, elle a dit à son père tous les soins qu'elle reçut de vous, la peine que devait vous causer son absence, et il s'est empressé de consentir....

— Qu'on la ramenât ?... Ah! qu'il est bon.

— Il l'a ramenée pour vous remercier lui-même de vos bontés pour son enfant chérie. Il sait tout.

— Chère Stéphanie! que je voudrais la voir!

— Oh! bonne petite mère, s'écria Stéphanie en accourant vers le lit d'Amanda, combien je suis heureuse! Mon bon père, quand il a su tout ce que je vous devais, a versé des larmes de joie, et il m'a dit : « Bénissons Dieu, ma fille, il t'a donné une mère. » Il a voulu venir lui-même vous remercier et me remettre entre vos mains. »

Amanda était au comble du bonheur. Elle regardait avec une douce joie cette jolie tête qui se posait sur son épaule avec toute la grâce de l'enfance, et cette fois il ne se mêlait pas de regrets amers à sa contemplation. Il lui semblait qu'elle ne devait pas mourir encore, et qu'un jour elle pourrait donner à Marie tout cet amour accordé à Stéphanie par intérim.

Le médecin, qui vint en ce moment, interrompit le discours de la jeune fille. Il trouva dans Mme Leynières un mieux sensible, et il lui en fit son compliment avec toute l'effusion d'un bon cœur. Lorsqu'il quitta la chambre, Louise le suivit et lui fit part des événements qui s'étaient succédé depuis le matin. Il fut d'avis que M. Leynières se fît promptement connaître, espérant tout d'une crise de joie pour la santé de sa malade. Tandis que Henri écoutait ces prescriptions, Stéphanie entra dans la bibliothèque et dit à son père que Mme Leynières l'attendait.

Henri devint pâle comme la mort, et il fallut que ses amis l'exhortassent au courage. Stéphanie ne comprenait pas l'agitation de son père et l'embrassait avec tendresse. Enfin M. Leynières, guidé par sa fille, et suivi de M. de Norwins, de Louise et du docteur, se dirigea vers l'appartement qu'occupait Amanda.

Mme Leynières s'était levée pour le recevoir. Assise dans un grand fauteuil, elle écoutait le bruit des pas qui retentissaient dans le corridor, et se trouvait embarrassée à l'avance des remerciements qu'on lui avait annoncés. La porte s'ouvre, Stéphanie entre la première, Henri la suit. Amanda lève les yeux, pousse un cri et tombe à genoux en s'écriant : « Stéphanie, est-ce là ton pére ?...

— Oui, dit l'enfant interdite et tremblante.

— O mon Dieu ! merci... Henri, tu m'as donc pardonné ?... » Un torrent de larmes suspend la voix de Mme Leynières, elle ne peut achever.

« Mais mon cœur ne t'en voulut jamais, s'écria Henri en relevant Amanda et en la pressant sur sa poitrine... Mais, silence, ajouta-t-il plus bas, notre fille ignore tout.

— C'est donc ma fille ?

— C'est donc ma mère ? »

Ces deux phrases partirent en même temps des lèvres d'Amanda et de Stéphanie, qui se précipita sur le sein de Mme Leynières et l'entoura de ses deux bras, en répétant avec une indicible expression ce mot révélé par le Ciel à l'enfant au berceau : *Maman !... maman !...*

Témoins cachés de ce ravissant tableau, les amis des deux époux en jouirent quelques moments encore ; puis ils vinrent joindre leur joie à la joie si pure dont Henri, Amanda et Marie sentaient leurs âmes inondées.

« Madame, dit en entrant le bon docteur, l'art devient inutile où le bonheur se fait médecin; vaincu par lui, je me retire, à moins que vous me disiez de rester comme ami.

— Oh! oui, monsieur, répondit Mme Leynières, permettez-moi de vous donner ce nom; c'est à vos bons soins, c'est à l'admirable dévouement de M. et de Mme de Norwins que je dois cet heureux instant. Jouissez tous de votre ouvrage, et avec moi bénissez le Seigneur. »

XXVII

Il fallait que Henri Leynières aimât véritable-
ment et vivement Amanda pour s'imposer le sacrifice de ne plus la voir ; il fallait qu'il eût pour elle
cette affection qu'ordonne le Seigneur, affection de
charité, qui s'anime plutôt qu'elle ne s'amortit à la
vue des difficultés, quand il faut ramener à Dieu
et au devoir des êtres qui nous sont chers.

Il avait espéré son bonheur en même temps que
celui de Mlle de Fitz-Owald en faisant rentrer au
bercail cette brebis égarée par le monde et l'incrédulité. Il fut trompé dans son attente. Ses paroles,
ses tendres reproches, les saints exemples de sa
pieuse mère, tout avait été inutile. L'indifférence
surtout qu'avait montrée Mme Leynières lors de la
maladie de sa fille, avait jeté le plus triste découra-
gement dans le cœur déjà si profondément blessé
de son mari.

Mais Henri avait des principes trop purs pour s'abandonner au désespoir. Son bonheur détruit, son avenir empoisonné ne l'empêchèrent pas de penser au salut de cette Amanda si coupable, et de tenter un dernier et courageux effort. Il lui sembla qu'il ne lui restait plus qu'un seul moyen pour toucher le cœur de celle que Dieu lui avait confiée ; et après bien des combats, bien des hésitations, il se résolut enfin au moyen extrême de s'en éloigner pour quelque temps. Nous ne pouvons mieux faire connaître ce qui se passait dans l'âme de M. Leynières qu'en transcrivant quelques-unes de ses lettres qu'il écrivit à Mme Dourville,

Il n'était pas possible à Henri d'emmener sa pauvre enfant, qui pourtant ne devait point compter sur les soins de sa mère ; il ne pouvait pas l'exposer aux fatigues et aux dangers des longs voyages qu'il voulait entreprendre. Mme Dourville, parente de son père, fut choisie par lui pour recevoir ce précieux dépôt. Elle était digne de toute sa confiance, et Marie ne tarda pas à l'aimer comme une seconde mère.

Il avait cru convenable que Marie quittât son nom pour prendre celui de Stéphanie, dans la pensée qu'un accident imprévu pourrait la conduire près de sa mère, et c'était sous son nom de voyage que Mme Dourville lui adressait les lettres qui lui donnaient des nouvelles de sa femme et de son enfant bien-aimée. Marie croyait sa mère morte, parce qu'interrogeant son père sur la cause de son départ de Saint-Pierre et de sa séparation d'Amanda, Henri lui avait répondu : « Nous ne pouvions plus rester à Saint-Pierre, mon enfant, ta malheureuse mère est morte pour toi. »

Mme Dourville, dépositaire du secret d'Henri, avait laissé Marie dans cette persuasion. Rien n'avait donc indisposé son jeune cœur contre sa mère ; seulement elle disait quelquefois à Mme Dourville : « Maman ne m'aimait pas, je n'étais jamais avec elle ; mais c'est égal, je voudrais bien l'avoir encore. »

M. Leynières n'avait fait ce *coup d'État*, comme disait le bon marin, que pour essayer si, à la vue de cette séparation entière et qui semblait devoir être éternelle, Amanda ne sentirait pas enfin ses torts. La pensée que sa démarche pourrait n'apporter aucune amélioration dans la conduite et les sentiments de sa femme, que peut-être même sa légèreté lui ferait tout à fait oublier qu'elle était épouse et mère, était pour son cœur aimant et sensible un affreux supplice. Torturé par toutes les angoisses de l'incertitude, il avait prié Mme Dourville de l'instruire exactement de tout ce qui regardait Amanda.

Voici ce qu'il écrivait à la confidente de ses douleurs, en réponse à une lettre dans laquelle celle-ci l'instruisait de la généreuse hospitalité que recevait Mme Leynières chez le baron de Norwins :

« Saint-Pétersbourg, 3 mars....

» Madame,

» J'espère encore ! Pour moi, c'est le cri du bonheur. L'abattement qui s'est manifesté en elle dès qu'elle apprit mon départ, me fait présager que le remède sera efficace. C'est peut-être une illusion, je puis me tromper sur la cause de sa douleur ; mais il m'est si doux de croire qu'elle se repentira, qu'elle reviendra à de meilleurs sentiments !... O Amanda ! si tu avais su voir combien je t'aimais, combien je désirais ton bonheur, malgré ta légèreté, malgré les conseils de ceux qui t'ont détournée de ton devoir, tu m'aurais payé de retour.

» Oui, madame, je lui ai pardonné. Qu'elle revienne, non pas encore dévouée à ses devoirs de chrétienne, d'épouse, de mère, mais animée d'un louable désir de réparer le passé, et tout sera oublié, et elle retrouvera en moi un cœur qui n'a jamais changé pour elle... Mais puis-je espérer que ses nouveaux sentiments seront durables ? puis-je croire qu'elle a fait des réflexions sérieuses ? n'est-il pas à craindre qu'en abrégeant l'épreuve je perde bientôt le fruit de mon sacrifice ?... J'ai fixé le temps de cette douloureuse séparation : il faut qu'il s'écoule.

» Pendant ces jours de tristesse et de deuil, soyez, madame, comme un ange confié à la garde d'Amanda ; écartez d'elle, par une protection invisible, tout ce qui pourrait devenir un obstacle à ses bonnes résolutions ; trouvez, je vous en conjure, dans votre expérience et dans votre ingénieuse tendresse, quelque puissant moyen de les raffermir.

» Vous ne m'avez point assez parlé de mon enfant chérie. Probablement vous avez compris mon inquiétude au sujet de Mme Leynières, et vous avez surtout pensé à elle. Je le sais et je vous en remercie mille fois ; je puis être sans crainte au sujet de ma petite Marie, elle trouve en vous une seconde mère. Mais il est si dur d'être loin de sa patrie et des objets de son affection ! Parlez-moi de ma fille, ou plutôt qu'elle m'écrive elle-même. Il me semble qu'en voyant quelques mots tracés de sa main, je me trouverai encore heureux.

» Que ne puis-je moi-même aller remercier M. et Mme de Norwins et leur exprimer toute ma gratitude ! Qu'il est vrai de dire qu'il faut être malheureux pour connaître ses véritables amis ! Mme Leynières avait offensé ses hôtes généreux ; elle est malheureuse et abandonnée de tous : les premiers ils accourent pour la consoler et lui faire oublier, à force d'amitié, sa douleur et ses peines. Voilà ce

que fait la religion. Amanda avait de nombreux
amis, qu'elle suivait dans le tourbillon des plaisirs ;
un malheur la frappe, et elle ne trouve plus sur
tous les visages et dans tous les cœurs que le sarcasme et l'ironie. Voilà ce que fait le monde.

» Veuillez, madame, continuer à me donner tous
les renseignements que vous pourrez recueillir ; vous
ne sauriez jamais entrer dans trop de détails pour
tout ce qui a rapport à mon épouse et à ma fille.

» Henri Leynières. »

« 1ᵉʳ janvier.... »

» Madame,

» Vous ne sauriez croire quelle est ma tristesse.
Ce jour, pendant lequel chacun fait tout haut des
vœux pour les objets de ses affections, je le passe
loin de tout ce qui m'est cher. Ma fille, mon épouse,
mes amis, personne n'est là pour me répondre.
Une joie vive est sur tous les fronts, et moi j'ai les
yeux pleins de larmes.

» Ce matin, je serrais la main d'une personne
dont j'ai fait la connaissance il y a peu de temps.
Au même instant, sa femme est entrée avec ses
deux enfants. Ils se sont jetés au cou de leur père,
qui les a pressés dans ses bras avec bonheur. Alors
mon cœur s'est senti cruellement oppressé : « C'est
ainsi, me suis-je dit, que je devrais embrasser ma

fille ; c'est Marie qui devrait s'offrir à mes baisers paternels.... »

» Malgré la douce affection que m'a montrée cette heureuse famille, j'ai compris que j'étais étranger. Je me suis trouvé seul au milieu de ceux que je pourrais appeler mes amis. Amanda! Amanda! si tu savais quel ennui me dévore.... Mais il le fallait ; je lui pardonne, oui, j'aime à le répéter, je lui pardonne tout ce que je souffre loin d'elle. Oh! si j'avais au moins la certitude que Dieu daigne accepter mes tourments en expiation de ses erreurs !...

» Pour vous, madame, qui possédez mon enfant, embrassez-la pour son père; dites-lui bien que je l'aime, qu'elle seule me rattache à la vie. Si je n'avais pas ce petit ange sur la terre, pourrais-je supporter tant de maux? aurais-je eu la force de tout sacrifier pour l'ingrate Amanda?

» Que dis-je? Pardon, mon Dieu! peut-on n'être pas assez fort quand on est soutenu par vous ?... Non, je ne veux point rejeter loin de moi la croix que vous m'avez donnée à porter. Non ; j'accepte sans murmure toutes ces peines, puisque c'est vous qui me les envoyez. Je souffrirai pour moi, pour Amanda. O ma mère, du haut des cieux, secondez mes efforts.... O mon Dieu, qu'elle apprenne à vous connaître, et je ne pourrai jamais assez vous remercier d'un aussi grand bienfait.

» Mais, madame, j'ai déjà lieu d'espérer, n'est-
ce pas ?... Vous m'avez dit qu'Amanda, loin de se
révolter contre la main divine qui la frappait,
semblait comprendre qu'elle devait s'y soumettre
et l'adorer. Espérons que le Seigneur, dans sa
bonté, achèvera de la ramener à lui. Cette pensée
est, avec l'affection de Marie et votre amitié sincère pour elle, ma plus grande consolation sur cette
terre.

» HENRI LEYNIÈRES. »

« 28 juillet....

» Madame,

» Votre dernière lettre m'a rendu toute ma joie.
Amanda est chrétienne, Amanda est pieuse ; elle a
enfin reconnu la souveraine puissance de Dieu, elle
a compris qu'en lui seul elle trouverait une véritable félicité, que lui seul donne cette douce paix de
l'âme que le monde entier ne pourrait procurer.
Elle partage les œuvres de charité de Mme de Norwins ; elle sait maintenant quel bonheur on éprouve
à soulager l'infortune ; elle goûte l'incomparable
satisfaction de se faire bénir de tout ce qui l'entoure.

» Je suis donc en droit de croire qu'elle étouf-
fera dans son cœur tout ce qui peut l'attacher
encore aux faux plaisirs. Car, ô mon Dieu, celui
qui vous a entrevu ne se lasse point d'aspirer à la

contemplation de votre éternelle beauté ; celui qui a porté votre joug se trouve accablé sous le poids de celui du monde !

» Vous m'avez dit, madame, qu'elle brûlait du désir de revoir son époux et sa fille, que l'idée de ne plus avoir ce bonheur est pour elle un supplice, que chaque jour elle adresse à Dieu des vœux pour recouvrer mon estime et obtenir de moi son pardon. Pauvre Amanda, puisse le Ciel te pardonner comme je te pardonne, te bénir comme je le lui demande.

» Il est temps, je crois, de la distraire d'un si grand ennui ; son âme est ardente, son chagrin pourrait influer sur sa santé. Vous m'annoncez que Marie a beaucoup grandi depuis notre départ et que l'affaiblissement de ses yeux a changé sa physionomie. Elle a peu vu sa mère ; assurément elles ne pourront se reconnaître. Puisque vous êtes en rapports d'amitié avec le baron de Norwins, veuillez la conduire à Kerbon.

» Amanda apprendra à être mère ; elle s'attachera à cette enfant sans se douter que c'est à sa fille qu'elle donne ses soins. Sa vue, d'ailleurs, lui rappellera sans cesse son devoir ; et si, comme mon cœur me le dit, cette nouvelle épreuve amène de bons résultats, ce sera avec sécurité qu'à l'époque fixée j'irai me jeter dans ses bras ; aucune inquiétude ne viendra troubler mon bonheur ; je goûterai une félicité sans mélange.

» Maintenant, plus que jamais, je soupire après cet heureux moment où je reverrai Amanda bonne et vertueuse. Dieu, je l'espère, me donnera la fermeté d'attendre le moment fixé ; car elle a toujours été pour Marie moins qu'une étrangère, et il ne faut pas qu'elle ait encore à l'aimer quand elle saura que cette enfant est sa fille.

» Veuillez, madame, recevoir mes remerciements pour la sollicitude maternelle dont vous entourez ma chère Marie.

» Henri Leynières. »

« 23 décembre....

» Madame ,

» Il n'est rien qui puisse éteindre en nous l'amour de la patrie. A peine m'en étais-je éloigné, que j'éprouvai le besoin de revoir ces lieux où j'ai tant souffert. Une occasion s'est présentée, et je l'ai saisie avec empressement. Je savais bien qu'à la vue de ma maison de Saint-Pierre toutes mes plaies se rouvriraient, et pourtant j'avais hâte d'y arriver.

» Vous dire ce que j'éprouvai en entrant dans le jardin me serait impossible. J'avais bien des choses à demander, mais mon cœur était trop plein, et je pus à peine m'informer de ce que je savais déjà parfaitement. Je parlais avec distraction, je commençais des phrases, et je ne pouvais les finir ; à chaque pas, je trouvais un nouveau sujet de tristesse. Tout ce qui m'entourait était pour moi un pénible souvenir.

» C'est sous ce berceau, formé pour elle par mes soins, que ma mère bien-aimée venait en été se garantir des ardeurs du soleil. C'est dans cette allée que j'amenais Marie pour essayer ses forces naissantes, et qu'elle venait en trébuchant se jeter dans mes bras. C'est à cette fenêtre qu'Amanda respirait tranquillement, après un jour passé dans le fracas du monde, l'air pur d'une belle soirée.

» A la vue de tant de magnificence, en contemplant le spectacle sublime que lui offrait la nature, ces étoiles innombrables, cette lune qui revêtait chaque objet d'une teinte argentée, elle ne songeait jamais à reporter sa pensée vers le Créateur de toutes ces merveilles ! son cœur restait froid et insensible !...

» Mais maintenant elle connaît Dieu, et le bonheur qu'elle cherchait en vain dans les plaisirs, elle le trouve partout. La fleur qu'elle foule aux pieds, l'insecte qui bourdonne près d'elle, tout lui révèle un Être tout-puissant qui a donné la vie à tout ce qui existe.

» Encore quelques mois, et je recueillerai le fruit de mes douleurs ; je me consolerai de tant de chagrins auprès de Marie et d'Amanda, qui ne refusera plus de mêler ses prières et ses actions de grâces à celles de son époux et de sa fille.

» Que de fois, madame, je me suis dit : « Pourquoi prolonger si longtemps son supplice et le mien ! Qui m'empêche maintenant de me réunir à elle ?... » Mais la prudence demandait qu'elle subît une longue épreuve, et c'est ce qui a tant hâté mon départ de Saint-Pierre. Etre si près d'elles et ne point les voir après trois ans de souffrance !... J'ai pensé que, pour résister à la voix de mon cœur, je devais fuir encore et sans retard. Une affaire importante m'appelait à Paris ; j'ai voulu la terminer, afin d'être désormais tout à ma famille, tout à ma femme et à mon enfant. O heureux jour ! quand luiras-tu pour moi ?...

» Veuillez, madame, recevoir l'assurance de mon respect et de ma reconnaissance.

» Henri Leynières. »

« 4 février.... »

» Madame,

» Votre lettre m'est parvenue en même temps que vous avez dû recevoir celle dans laquelle je vous priais de me rendre Marie. Je voulais passer quelques jours avec cette enfant si chère, avant la réunion qui fait l'objet de tous mes vœux.

» La nouvelle du malheur qui me menace m'a jeté dans la consternation. Amanda est malade de se voir abandonnée de son époux, privée de son enfant, et c'est moi, c'est ma rigueur qui l'a conduite aux portes du tombeau !

» O mon Dieu ! faites que je n'arrive pas trop tard. Quels reproches n'aurais-je pas à me faire ! j'aurais privé ma fille de sa mère ; j'aurais causé la mort de celle que je devais protéger et sauver ! Seigneur, vous savez quelles ont été les intentions du malheureux Henri, vous connaissez le fond de son cœur ; vous ne permettrez pas que ce qu'il a souffert pour Amanda lui devienne un cuisant remords !...

» Je pars au moment même où je vous envoie cette lettre. Je brûle d'arriver chez vous ; ma fille doit y être. J'irai reprendre ce précieux dépôt, et après vous avoir remerciée mille fois, après vous avoir témoigné toute ma reconnaissance, nous nous dirigerons immédiatement vers Kerbon.

» Chère Marie, ton cœur est encore pur ; Dieu ne refuse rien aux enfants qui le prient avec ferveur. Conjure-le donc d'avoir pitié de tes larmes et de ne point te priver de celle que tu aimes tant sans connaître les titres que tu as à son amour.

» Puisse-t-il être temps encore ! Vous ne sauriez comprendre, madame, quelle est mon impatience, quelles sont mes angoisses !...

» HENRI LEYNIÈRES. »

XXVIII

Depuis le jour de sa réconciliation avec son
mari, Mme Leynières sentit ses forces et sa santé
revenir comme par miracle. Rendue bientôt aux
vœux de tous ceux qui l'aimaient, elle ne ressentit
plus aucune atteinte du mal qui peu de jours auparavant creusait lentement sa tombe. Elle était si
heureuse d'avoir reconquis ses titres d'épouse et de
mère! Les devoirs qu'imposent ces noms sacrés,
elle les connaissait si bien, que sa vie à l'avenir
ne devait plus être qu'une suite d'heures fortunées.
Aussi les brillantes couleurs de la santé reparurent
bientôt sur son visage, et Henri retrouva en elle,
non plus la fantasque Amanda, mais une épouse
douce, vertueuse et aimable.

Le bonheur était rentré à Kerbon; tout était oublié. Une seule chose, parmi tous ces événements,
n'avait pas eu d'explication pour M. de Norwins :

il ne pouvait se rendre compte de la visite mysté-
rieuse à Saint-Pierre. Un jour qu'ils étaient tous
rassemblés, il en demanda l'explication à Henri.

« Un ami, dit M. Leynières, que Dieu m'avait
fait trouver en Italie, me fit part du projet qu'il
avait formé de venir en France, et m'offrit de l'y
accompagner. J'acceptai avec transport, et je fus
le plus heureux des hommes quand il me pria de
conduire à Roche-Courbon, chez sa sœur, son fils
et sa fille, qui devaient l'y attendre. Je m'arrêtai à
Tours.

— A l'*Ecu d'or?* demanda M. de Norwins.

— Oui, répondit Henri avec étonnement.

— Sous le nom du comte Ubaldi?

— C'était celui de mon ami. Mais comment
savez-vous?...

— Joseph, pour consoler un peu sa maîtresse,
lui avait fait savoir qu'un étranger avait pris sur
elle des renseignements minutieux. Amanda voulut partir; Joseph, questionné, voulut cacher que
c'était vous qui étiez venu à Saint-Pierre. Je cher-
chai les traces du comte sans pouvoir les découvrir;
et la douleur que ressentit Amanda la conduisit
presque au tombeau. »

Henri pressa sur son cœur la main de sa femme
et celle de son ami. « Le chagrin égarait ma raison, continua-t-il; je défendis au pauvre Joseph

de révéler à personne ma visite à Saint-Pierre, et je me hâtai de retourner à Paris.

— Méchant petit père, s'écria Marie en riant et en présentant son joli front pour avoir un baiser, tu étais si près de nous, et tu n'es pas venu nous embrasser ! »

M. Leynières voulait se défaire de sa maison. Il craignait que le séjour de Saint-Pierre ne rappelât à sa femme de trop pénibles souvenirs ; mais Amanda le pria de si bonne grâce qu'il consentit à y retourner. Le sacrifice que faisait Mme Leynières était grand, et son mari avait bien deviné son cœur ; mais elle sentait que là encore elle avait des scandales à réparer ; elle n'hésita point.

Si la peine fut vive à Kerbon quand la famille Leynières quitta ses hôtes, la joie fut grande à Saint-Pierre en apprenant que Henri revenait s'y fixer. Tant de pauvres pleuraient en lui le plus délicat, le plus généreux des bienfaiteurs ! Aussi leur ingénieuse reconnaissance avait imaginé une petite fête pour célébrer son retour. La porte de cette demeure trop longtemps inhabitée, était décorée de feuillage et de fleurs. L'herbe des champs jonchait le sentier qui y conduisait, et le pasteur du village, à la tête de la portion chérie de son troupeau, attendait l'ami des malheureux pour le

remercier d'avoir, de loin comme de près, gardé
leur souvenir.

Ce concert de bénédictions, qui révélait à
Mme Leynières les vertus cachées de Henri, en
pénétrant son cœur d'admiration, le remplissait
d'une joie suave et pure. Les pauvres habitants
de Saint-Pierre, tremblant d'abord à son aspect,
avaient reçu d'elle cet accueil bienveillant qui seul
donne au bienfait son charme et sa douceur. Elle
leur parlait à tous, saluait avec respect les vieil-
lards, souriait aux mères, caressait les enfants,
et des regards de surprise s'échangeaient entre ces
bonnes gens, naguère accablés du mépris d'Amanda et maintenant l'objet de sa sollicitude.

Mme Leynières remit au bon curé une forte somme
pour les infortunés que si longtemps Henri seul
avait secourus, et lui dit avec sa grâce accoutumée:
« Nous serons deux maintenant pour les soulager. »

Le respectable pasteur avait élevé ses mains sur
la tête de Marie inclinée devant lui, et M. Leynières lui disait tout bas : « Mon Père, je suis
heureux ; elle connaît Dieu, elle l'aime, elle veut
le servir! » Et, en effet, il avait retrouvé sa femme
telle que le désirait son cœur, pieuse, bonne, douce,
aimante, telle que la religion sait rendre les âmes
qu'elle éclaire, telle enfin que ses premières espérances la lui avaient présentée.

Les anciens amis d'Amanda, curieux de la revoir dans sa vie nouvelle, se présentèrent en foule à sa porte. Elle les reçut avec politesse, mais en même temps avec dignité ; et ils comprirent, dès la première visite , l'inutilité d'en faire d'autres. Ils lancèrent bien contre elle les traits acérés de la satire, de la moquerie ; mais elle demeura si calme, sa conduite fut soutenue avec une si noble persévérance, que bientôt ils ne purent lui refuser ni leur estime, ni le tribut d'une secrète admiration.

Tout entière aux devoirs de son état, Mme Leynières donnait à son heureux époux, à sa fille, à tous ceux qui l'entouraient, l'exemple des plus douces, des plus aimables vertus. Ses rapports avec ses voisins étaient pleins de charme ; son service était léger et facile, ses domestiques étaient devenus comme ses enfants. Sa sollicitude devinait les malheureux, et sa bienfaisance ne connaissait une douleur que pour la soulager. Aussi, quand chaque année elle quittait Saint-Pierre pour aller passer quelques mois à Kerbon, ses protégés se pressaient autour d'elle ; leurs larmes, leurs regards exprimaient ce qu'éprouvaient leurs cœurs, et c'était du fond de l'âme que Mme Leynières leur disait : « Merci, mes amis, de toute la joie que me cause votre affection. Vous faites plus pour moi que je ne ferai jamais pour vous. »

Marie, comme un jeune arbuste, grandissait sous les yeux de ses parents et faisait le charme de leur intérieur. Henri trouvait son bonheur à voir se développer ses heureuses inclinations et prenait plaisir à cultiver lui-même les dons célestes dont le cœur de sa fille était enrichi. Amanda secondait son époux, et, se modelant sur sa conduite, elle cherchait à entrer dans toutes ses vues et à prévenir ses intentions. Aussi rien n'était touchant comme le tableau que présentaient le mari, l'épouse et la jeune fille, soit qu'ils allassent ensemble prier et bénir le Seigneur dans son saint temple, soit qu'on les vît porter des consolations et des secours dans de pauvres chaumières, ou faire en famille de douces promenades dans les charmants alentours de leur domaine.

Marie possédait les plus agréables talents de société, et elle paraissait ne les cultiver que pour en faire jouir ses parents ; elle excellait surtout dans le dessin et la peinture, et les murs des appartements de Saint-Pierre étaient tapissés de charmants paysages dus à son pinceau. Elle avait obtenu aussi de reproduire avec une gracieuse fidélité les traits de Henri et d'Amanda, et les deux portraits, dus au talent de leur fille et suspendus dans la salle à manger, semblaient être une barrière contre les souvenirs amers du passé et une garantie pour la félicité à venir. On ne pouvait, en effet, contempler ces deux physionomies, empreintes d'une sérénité si douce et si bienveillante, sans se dire à soi-même : *Ici règne le bonheur.*

Telle est donc la douce influence de la religion. La pratique des devoirs qu'elle impose est une source féconde de paix. En sanctifiant tout ce qu'elle approche, elle l'épure, elle en bannit toute amertume. Amanda l'éprouvait, et dans l'effusion d'un cœur reconnaissant, quand elle comparait ses anciennes années aux jours paisibles qui maintenant remplissaient sa vie, elle disait à son mari : « Oh! que n'ai-je toujours marché dans la voie de Dieu! Loin de lui, tout est ténèbres, erreurs, chagrin. Le connaître, ce Dieu si riche en miséricorde; l'aimer, ce Père si bon ; le servir, ce Maître si aimable : c'est là, seulement là que se trouve le bonheur. »

FIN

TABLE

— Lille. Typ. J. Lefort. 1885 —